本书由中国著名体育科普畅销书作家 **张海** 倾力奉献

白领女性减压、塑形、
健体、防身完全指南

STRONG IS
THE NEW BEAUTIFUL

张海 / 编著

以色列
女子防身术

YISELIE
NVZI FANGSHENSHU

真的爱她，就送她这本书！

以色列女子防身术，世界公认最简单实用的女子防身术！

山西出版传媒集团
山西科学技术出版社

图书在版编目(CIP)数据

以色列女子防身术/张海编著. -- 太原 : 山西科学技术出版社, 2017.10

ISBN 978-7-5377-5638-9

Ⅰ. ①以… Ⅱ. ①张… Ⅲ. ①女性-防身术-以色列 Ⅳ. ①G852.4

中国版本图书馆 CIP 数据核字(2017)第 239904 号

以色列女子防身术

出 版 人: 赵建伟
著 者: 张 海
策划编辑: 徐俊杰
责任编辑: 徐俊杰
责任发行: 阎文凯
封面设计: 吕雁军

出版发行: 山西出版传媒集团 · 山西科学技术出版社
地址: 太原市建设南路 21 号 邮编: 030012
编辑部电话: 0351 - 4922134 0351 - 4922107
发行电话: 0351 - 4922121
经 销: 各地新华书店
印 刷: 山西新华印业有限公司
网 址: www.sxkxjscbs. com
微 信: sxkjcbs

开 本: 720mm×1010mm 1/16
印 张: 11
字 数: 137千字
版 次: 2017年10月第1版 2017年10月太原第1次印刷

书 号: ISBN 978-7-5377-5638-9
定 价: 45.00 元

前言

夜色中，一位女子只身走在黑暗空旷的街道上，忽然她发觉身后有人跟踪自己，她该怎么办?

偏僻的巷子里，一位女子迎面遭遇一名醉汉的挑衅，和她拉拉扯扯、纠缠不休，她该怎么办?

一位女子徒步健身时，一辆面包车突然停在她的身边，她被拖拽上车，遭遇劫持，她该怎么办?

在拥挤的地铁上，一位女子被可恶的“咸猪手”骚扰，或者遭遇小偷扒窃，孤立无援的她该怎么办?

我们经常在媒体上看到诸如此类关于女性人身或财物受到侵犯的报道，其中许多女性的身心遭受了极大的伤害。尽管肉体伤痛可以治愈，但心理的创伤将会影响她们数年之久，甚至会持续终生。

如何遏制针对女性的暴力犯罪呢？社会舆论和有识之士提出了很多建议，譬如增加治安监控设备，提高警察巡逻频率，考察社会犯罪的根源并加以纠正，等等。而所有这些对于只身面对危机的柔弱女子来说，似乎都是远水不解近渴，并不能提供眼前的有效帮助。况且，凶悍的歹徒在力量、体能和心理上都占据着绝对的优势，并有可能携带凶器，随时图穷匕见。

她们应该怎么办?

为了编写这本书，笔者专门对身边的女性朋友做了些随机调查，笔者吃惊地发现，绝大多数女性并不知道怎样做才能有效地防范诸如抢劫、性骚扰或强奸之类的侵害。她们往往会回避考虑“如果你遇到这种情况该怎么办？”这样的问题。再追问下去，她们会不耐烦地回答“破财免灾吧”或者“以死相拼喽”。不难看出，她们根本没有主见。即便是那些看上去身体比较强壮的女性，其实在真正面临气势汹汹的暴徒时，浑身发抖、束手无策往往也是她们绝大多数人的表现。

在现代社会，包括警察在内的专业人士都认为，一名没有接受过防身技术训练的女性面对暴力侵袭时，一味的顺从和单纯的反抗都不是最好的方法。你可以舍弃你的财物，但是生命安全遭受威胁时，必须做出反抗，该出手时就出手。但是许多调查资料显示，一些女性在摆出战斗姿态、试图保护自己时，反而激怒了对方，引起攻击者更加激烈的反应，最终导致局面更加被动，难于收场。

那么，到底该怎样做，才能达到既有效地保护了自身安全、适度地惩罚了侵犯者，又不至于将轻微的伤害行为激化至你死我活的暴力冲突呢？这一直以来都是安全专家、格斗专家和女性问题专家们不断思索和探讨的问题。

其实，女性如何应对暴力侵害绝对是一门大学问，世界各国格斗界也都不约而同地推出了各种形式的女子防身术。我们这本书介绍给您的是一套由军事强国以色列官方推广的实用性极强的女子防身术——女子马伽术。

以色列犹太民族是一个名副其实的战斗民族，也是中东地区唯一一个要求女性服兵役的国家。在他们的国度里，女性和男性一样，普遍都会接受马伽术的系统训练。

马伽术是一套由以色列官方精心开发编创的，基于人体本能反应来实施自卫防身的优秀格斗术，同时也是以色列国防军新兵入伍必修的训练科目。其诞生于第二次世界大战时期令德军闻风丧胆的犹太民族抵抗组织哈嘎纳游击队，经历过五场中东战争炮火与鲜血的洗礼，以其“安全实效、简单易学、技术全面、手段多样”的鲜明特征，被各国军事格斗界公认为当今世界最实用格斗体系之一，深受广大格斗爱好者喜爱与推崇。

女子马伽术则是结合女性身体与心理特点编创的一套科学的女子防身术。从理论上讲，女性与男性在生理结构上存在着很大的差异，这是不可否认的。以色列女子防身术更强调扬长避短，以小搏大，它传授给女性朋友各种应对危机的策略与方法，使自己在暴力冲突中始终处于不败之地。

以色列女子防身术技术特点更加突出“简单实用、手段多样”的原则。无论攻击动作还是防守动作，只有简洁才能做到易学易用。女子马伽术整套技术动作在设计上特别强调短促与简洁、易学易练，使它适合于体质柔弱的女性掌握。其招式则是根据人的直觉和本能反应而生，着重攻击对手容易受伤的部位。要求受训者在抗暴护身时时刻要牢记一点，就是为取胜而做各种可能做的事情。在与暴徒拼搏时，只要能打败对方，可以采取各种手段。除了可以应用常规的踢、打、摔、拿技术外，用嘴咬人，用手指挖人眼睛，用头撞对方面部，用膝盖和肘关节攻击等一切以生存为目的的动作都是被允许的。像公文包、椅子或钥匙等日常生活用品也都能作为很好的武器，运用于进攻和防守中。

正是基于这些特点，以色列女子防身术很快就被世界各国女性朋友所接受，欧美许多国家都有专门的格斗学校传授此项技能。近年来，随着世界经济、政治、文化一体化的进程逐步加快，以色列格斗术也逐渐被中国格斗爱好者所熟悉和喜爱，其中不乏女性朋友，她们也渴望能够深层次地了解和掌握相关的技能，充实自己，保护自己。

另外，由于中国女性的身材体型与以色列民族女性非常相似，经过科学的分析和实践，许多格斗专家都一致认为，以色列女子马伽术是最适合中国女性学习和运用的防身技术。

鉴于以上诸多原因，笔者不揣浅薄，在出版社编辑老师及众多格斗界同仁与前辈的鼓励下开始编撰这本《以色列女子防身术》。

本书详尽地介绍了以色列女子防身术的所有技术环节，内容包括女子心理防卫知识、女子防身基础知识、摆脱各种肢体控制与纠缠、防御性骚扰与强暴犯罪、徒手防御各种暴力攻击、利用随身物品作武器防身自卫，以及几种特殊情境下的防身技术应用。

本书完全从科普的角度进行编写，强调内容的科学性、实用性，采用朴实流畅的语言对技术动作进行客观描述，并配有大量清晰形象、生动准确的3D图示，力求通俗易懂，使读者在没有专业人士指导的情况下，也能够很快地掌握各种防身技能。另外，读者通过扫描图书封面的二维码，还可以免费获得本书中介绍的所有技术动作的图解动画和视频资料，随时在手机上浏览观看，使学习和训练更加简单，更加便于理解和记忆。

希望这本书能够帮助女性朋友变得更加健康、美丽、自信！

目录 CONTENTS

第 1 章 女子心理防卫知识 / 001

A 警惕暴力犯罪 / 002

B 了解所处环境 / 004

C 防人之心不可无 / 006

D 自尊自爱 避免冲突 / 008

E 遵循法律 正当防卫 / 010

第 2 章 女子防身基础知识 / 011

A 保持平衡稳定的防御姿势 / 012

B 了解人体有哪些容易受伤的要害部位 / 014

C 学会用肢体武器攻击要害部位 / 016

D 善用身边物品作武器自卫防身 / 020

第 3 章 摆脱各种肢体控制与纠缠 / 023

A 发辫遭遇抓扯时的摆脱与反击方法 / 024

B 遭遇正面卡掐脖颈时的摆脱与反击方法 / 030

C 遭遇侧面卡掐脖颈时的摆脱与反击方法 / 034

D 遭遇背后卡掐脖颈时的摆脱与反击方法 / 039

E 单手手腕被抓扯时的摆脱与反击方法 / 046
F 双手手腕被抓扯时的摆脱与反击方法 / 051
G 被用力拖拽手臂时的摆脱与反击方法 / 056
H 被翻拧手臂时的摆脱与反击方法 / 062
I 遭遇正面搂抱时的摆脱与反击方法 / 067
J 遭遇背后搂抱时的摆脱与反击方法 / 071
K 遭遇背后捂嘴时的摆脱与反击方法 / 077
L 遭遇抓扯衣领时的摆脱与反击方法 / 080

第 4 章 防御性骚扰与强暴犯罪 / 085

A 遭遇抱腰强吻时的摆脱与反击方法 / 086
B 遭遇正面袭胸时的摆脱与反击方法 / 089
C 遭遇背后袭胸时的摆脱与反击方法 / 098
D 遭遇侧面搂肩骚扰时的摆脱与反击方法 / 104
E 臀部被捏掐时的摆脱与反击方法 / 111
F 被压倒在地遭遇强奸时的摆脱与反击方法 / 114

第 5 章 徒手防御各种暴力攻击 / 119

A 针对扇巴掌的防御与反击方法 / 120
B 针对拳头攻击的防御与反击方法 / 124
C 针对腿脚踢击的防御与反击方法 / 129
D 针对钝器袭击的防御与反击方法 / 133

第 6 章 利用随身物品作武器防身自卫 / 139

A 利用手机防身自卫 / 140

B 利用书刊、报纸防身自卫 / 145

C 利用圆珠笔防身自卫 / 149

第 7 章 几种特殊情境下的防身技术应用 / 153

A 遭遇恶意尾随时的防御与反击方法 / 154

B 遭遇抢劫财物时的防御与反击方法 / 158

C 办公桌前遭遇袭击与骚扰时的防御与反击方法 / 162

第1章

女子心理防卫知识

A 警惕暴力犯罪

本书的开篇，在没有正式讲述防身技术之前，笔者首先提醒女性朋友，对暴力要有个正确的认识。总体上来说，在没有战乱的和平年代里，我们的生活环境还是比较安全的，而且大多数公民是遵纪守法的。我们已经习惯了自己的日常生活，习惯了在工作、外出购物或参加各种聚会时遇到相同的人。这让我们感觉“社会很和谐，生活很太平”。但事实上，无论是在西方还是东方国度，暴力事件虽然不是时刻都会发生，但抢劫、绑架、强奸等恶性犯罪依然是屡禁不止。

女性作为容易遭受攻击和伤害的弱势群体，千万不要被“天下太平”麻痹了自己，出于安全目的，你必须做的一件事就是保持警惕，以避免遭受随时随地可能发生的暴力事件对你造成身心伤害。事实证明这是非常必要的，绝非杞人忧天。据有关部门对侵害妇女人身安全案件调查分析发现，多数被伤害的女性由于在案件发生前缺乏警惕性，思想麻痹，导致一旦犯罪分子突然出现在面前便惊慌失措，束手无策。其实很多恶性事件，如果提前有警觉，是完全可以避免悲剧发生的。

另外，千万不要抱有侥幸心理。认为世界这么大，女人这么多，倒霉的事怎么偏偏就能让我碰上？这种思想是大错特错的！

当然，我们这里所说的提高警惕，并不是要让女性朋友在日常生活中总是神经兮兮的，草木皆兵，而是提醒大家要克服麻痹思想，了解自己有遭受伤害的可能性，加强防范意识，掌握安全知识，不让坏人有可乘之机。

▲ 2014 年联合国儿童基金会在参考了来自 190 个国家的数据所得的报告显示，世界上约有 1.2 亿名女孩在 20 岁左右曾被强奸或者遭到性侵犯，即每 10 名女孩中，就有一名遭受此类侵犯。

B 了解所处环境

犯罪分子针对女性实施的暴力攻击事件，通常都带有一定的隐蔽性，他们作案时会刻意选择那些非常偏僻、光线昏暗的街巷或公园。所以，女性在单独外出活动时，应该预先计划自己的路线，要尽量选择车辆、行人较多的道路，尤其是夜间，一定要走照明条件较好的街道，并且手里最好拿一些随时可以用于防身的东西，以备不时之需，比如手电筒，即使是本卷着的杂志也比徒手要好。

平常也要留心观察，居住地和自己经常活动的区域周围有无警局、银行、医院等配备安保力量的单位，附近的街巷都通向何处，是否存在死胡同，是否安装有监控设施等等。对这些环境有所了解，在发生突发事件时，你就会明确自己寻求帮助的方向，避免自己在惊慌失措的情况下陷入绝境。

外出活动，在经过自己不熟悉的街道，发现周围环境异常时，应该立即抽身离开，千万别被好奇心左右而使自己陷入未知的困境中去，多一事不如少一事，这种做法虽然有些消极，但的确能保证你减少惹上不必要麻烦的概率。

如果你是驾车出行，上车前应注意环视周围有没有可疑的人，上车后第一个动作就是按下门锁，以防有人突然破门而入。为防假车祸真抢劫，遇到车辆剐蹭事件，千万不要马上下车，最好先冷静观察对方有几个人，如果来者不善，应猛按喇叭，引起行人注意，同时立刻报警。

另外，回家上楼时，如果有门禁，应先按门铃，让家人知道你回来了。进入楼道前要回头环视一下，看身后是否有人尾随，避免在楼道里遭到不法分子的攻击。上楼的速度尽可能要快，开家门之前，要先将钥匙准备好，不要站在门口才翻包找钥匙。总之，不要过多时间停留在楼道里，发生在楼道里的攻击事件比例是非常高的。

▲ 如果不熟悉周围环境，被不法分子追到一条死胡同里，你面临的局面将极其危险，所以说，了解自己生活与工作地的周边环境是非常必要的。

C 防人之心不可无

并不是说所有在街头以各种莫名其妙的理由与你搭讪的男人都是坏蛋，但的确有些人是不怀好意的。他们或许就是借问路之名，要近距离地多看几眼你的乳沟。对于这样的人千万不要与之过多纠缠，你可以果断地告诉对方自己不知道，并提示他自己的男朋友在不远处等着自己，然后转身朝人流多的地方走去。

在公共场所应该注意自己的言谈举止,特别是年轻漂亮的女性,不要随便与陌生的男性攀谈，不要随便喝对方递过来的饮料，不要轻易向对方泄露自己的住址、单位等个人信息，也不要轻易相信某些男性的花言巧语，接受他们所献的殷勤，更不要在摸不清对方的底细时，轻易答应单独与之约会。很多不怀好意的男人正是利用女性的单纯达到他们的罪恶目的的。

日常生活中，进入电梯时，要注意同乘者是否眼神鬼祟，面露邪恶，举止反常。女性要尽量站在控制按钮的门边，一旦被攻击，立即用手拍打每层楼按钮，电梯会在任一楼层停下来，使你能够及时摆脱困境。

在马路上行走时，对一直走在你身后的人也要特别加以留心。你放慢脚步，看他是否也放缓脚步，从而判断其是否在恶意尾随。据研究，对于女性来说，安全距离是3米，当一个陌生男人突然贴近这个距离时，你就应该提高警惕了。一旦确定被恶意跟踪了，可以用脚猛踢或用背包拍打路边停泊的车辆，触发报警器的鸣响，以引起别人的注意，达到震慑坏人的目的。

总之，出现在身边的陌生男人也许并无恶意，但是作为女性对其存有戒备之心，绝非多余。

▲ 如果在街头有陌生人向你问路，在帮助别人的时候，也要注意提高警惕性，小心不怀好意的家伙偷窥或骚扰你。

D 自尊自爱 避免冲突

作为一名女性，出于安全目的，日常生活中要特别注意自身形象，衣着打扮应该大方得体，尤其是在单独出行的时候。如果在夜间你独自外出，切忌身着过于暴露，超短裙、高跟鞋给你带来的不仅仅是行动上的不方便，而且很容易招致不怀好意的男人关注，使自己陷入险境。

女性只有自尊自爱，保持积极健康的形象和精神状态，才不会被别人轻视和侵犯。良好的精神状态和自信心会使你看上去更加美丽和无畏。你的肢体动作、讲话方式以及眼神表情都从一个侧面反映了你的实力和自信程度。一个看上去非常自信，且精神抖擞的女人，是很少有人愿意去惹她的麻烦。只有那些看上去懦弱、自卑的女性，才更容易遭到欺辱和抢劫。

当危机降临的时候，我们尽量不要去激怒对方，要保持冷静，避免激化矛盾，竭力理智、智慧地解决问题，防止事态升级。努力用语言和对方心平气和地沟通，力求让对方恢复理智，要避免使用大幅度的肢体语言。安静和放松的姿态有着戏剧性的效果。一个情绪激动的人是很容易失去理智的，人在激动时的自控能力会明显下降，外界进一步地刺激，可能导致其表现出更强的暴力倾向。

另外，你还要洞察那些气势汹汹冲过来的家伙有什么目的与企图，也就是说搞清楚对自己产生真正威胁的是什么。如果是你无意间踩到了一个大块头的脚丫子，马上谦卑地向人家赔礼道歉，是化解矛盾的最经济、最简单的方法，千万不要难为情，毕竟是你先犯下了过错。如果对方是一群货真价实的抢劫犯，明火执仗地冲你鼓囊囊的钱包和时尚耀眼的手机而来，那你千万不要舍不得那点身外之物，以卵击石是绝对不可取的，孰轻孰重，你是应该能够掂量出来的。但是，如果你确定对方是蓄谋已久要伤害你的生命或掠夺你的贞操，你就应该果断地出手反击，背水一战，因为示弱和逃跑都无济于事了。

当然，不激化矛盾，不刺激对方，并不等于消极承受、逆来顺受、听之任之。如果那样，非但不利于解决问题，反而会助长对方的气焰，让其有恃无恐，最终招致对自己更大的侵害。

▲ 如果你每天穿着打扮过于暴露，会增加不法分子对你骚扰的概率。

E 遵循法律 正当防卫

如前文所述，针对女性产生的一般冲突事件，通过沟通和软化矛盾，基本上是可以解决问题，大事化小、小事化了的。但是这种方式在应对那些蓄谋已久的、目的明确的暴力攻击威胁时，效果就极为有限了，比如抢劫、报复、性侵犯，没有办法回避。这种时候，你的心态要迅速进行调整，把自己调整到一种适合于应对暴力攻击的状态下。当你命悬一线的时刻，千万不要羞怯、犹豫、迟疑，而是要克服恐惧，果断出手，全力以赴地展开一场格斗。这一刻，你在我们这本书中学到的格斗技术就派上用场了。

这一节里我们要提醒女性朋友注意的是，在具体运用防身技术的过程中，一定要熟悉本国的相关法律，进行正当防卫，而勿防卫过当。女性使用防身术维护自身的生命与财产安全是属于正当防卫行为的，但在实施反抗和攻击动作时要注意掌握分寸，超过了法律规定的限度而给对方造成伤害的话，也是法律所不允许的。

具体到我国的法律条文来详细解释说明一下。在中国，妇女在抵御罪犯进行人身侵害时，所使用的正当防卫与一般公民对其他侵害行为所实施的正当防卫，是有一定区别的。比如两名男士发生冲突，甲用拳头攻击乙，乙出于防卫，用刀具捅死对方，则属于防卫过当。而女性为了自身安全，允许防卫所损害的程度大于不法侵害行为的损害程度。女性杀死正在使用暴力、恐吓手段强奸自己的强奸犯，这种特殊情况不属于防卫过当。但是需要强调的是，正当防卫必须随着不法侵害行为开始而开始，随着不法侵害行为停止而停止。如果暴徒强奸行为结束回家了，事后你再追到他家将其杀掉，你的行为明显触犯了法律，你同样会受到相关法律的制裁。

第2章

女子防身基础知识

A 保持平衡稳定的防御姿势

无论哪种格斗形式，其征服对手的一个关键技术，都是首先要保持自己身体的平衡稳定。身体失去了平衡，技术动作就会变形，就没办法进行防御攻击，更谈不上发力反击了。

格斗过程中，我们要摆出一个防御姿态，这种姿态也必须建立在保证身体重心平衡稳定的基础上。我们经常见到的格斗防御姿势，是像拳击手那样摆出一副打斗的架势，对抗的意图显而易见。虽然这的确是一种安全稳定、防守严密的防御姿势，但挑衅的意味也非常浓，其实并不适合女性。在一般冲突的初级阶段，如果一下子摆出这种架势，势必会激化矛盾，而使势态越发难以控制，这也许并不是你想要的结果。

▲ 实践证明，这种中立的防御姿态进退灵活、攻防自如，是非常实用和有效的。

以色列女子防身格斗技术体系为我们提供了一种中立的防御姿态，这是一种看上去没有挑衅性的姿态。

两脚平行或者前后自然开立，距离与肩宽齐平，双手于胸前举起，自然放松，不要握拳，指尖与眉眼齐平，目光自两手间穿过注视对手。

这种姿态比较平和，好像是在告诉对方，我不想惹麻烦，不想和你打斗，可以起到缓和对方情绪、令其放松警惕的作用。这种防御姿势是以色列女子防身体系提倡的一种应敌姿态，在街头打斗中也应用得比较多。

▲ 中立的防御姿态，在有效防护住身体要害部位的基础上，可以灵活地实施各种反击动作。

B 了解人体有哪些容易受伤的要害部位

在遭受攻击时，我们必须保护好身体的要害部位。相反，当你被迫面对攻击者，必须实施反击时，了解哪些器官是人体最容易受伤的部位，也是非常必要的。

人体的要害部位有许多，这些部位可以成为正当防卫时合适的攻击目标。熟悉掌握人体生理构造，知道身体的哪些部位是致命的要害和薄弱环节，我们才能在拳来脚往中做到有的放矢地运用自己的武器，同时有效妥善地保护自己的要害部位，扬长避短。

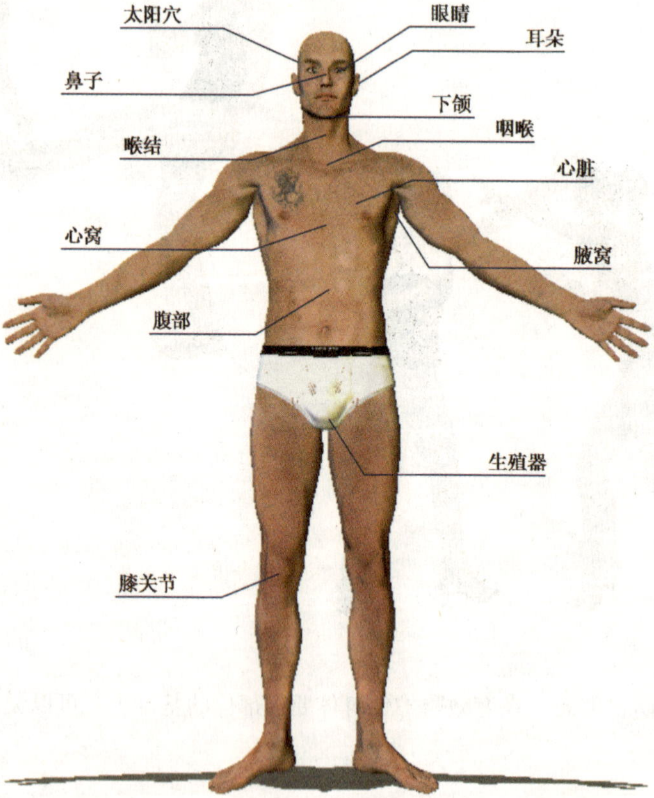

任何一位传授防身技术的教练，都会反复强调，先发制人，瞄准对手身体的要害和薄弱、柔软部位进行致命一击，才可以在瞬息万变的肉搏中收到“一招制敌”的效果。

那么，这些要害部位指的是什么呢?

要害部位主要指维持人体生命运转与活动的重要器官，以及容易遭受打击或者挤压而伤残的部位。这些器官和要害部位与人的生命息息相关。由于人体生理结构的特殊性，在一些特定部位，内脏距体表很近，外面没有厚实的肌肉群或充分坚实的骨骼保护。有针对性地打击这些部位，必然会刺激该脏器丰富的神经群，造成无法忍受的剧烈疼痛，力量达到一定程度时，会直接损伤该脏器，遭受重创后，轻者致残，重者会危及生命安全。

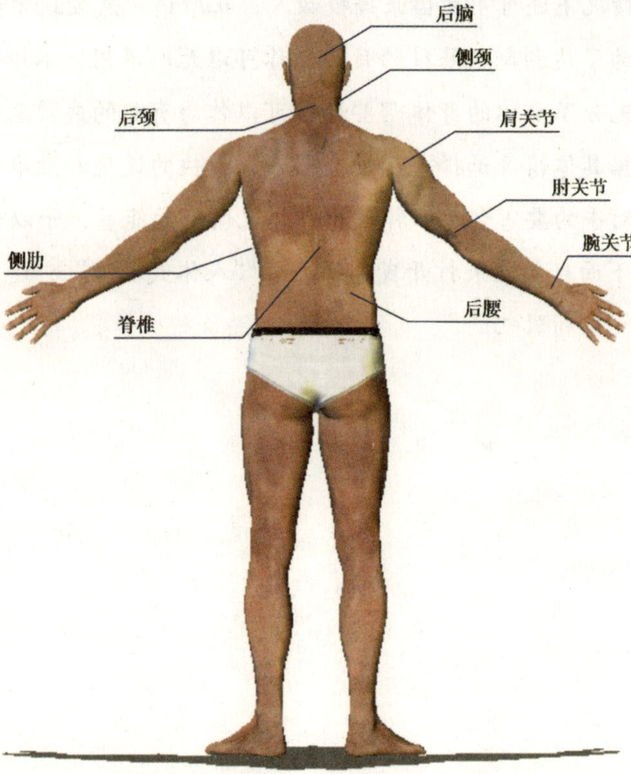

C 学会用肢体武器攻击要害部位

在徒手格斗与近身肉搏过程中，你赤手空拳，不得不面对强悍凶残的施暴者，要想克敌制胜，必须拿骨肉铸造的肢体当作有效的武器来进行防身自卫。

实战中，尽管女性的力量较小，但是在恰当的时机，用拳脚给予对方“毁灭性的一击”，往往能够让你摆脱大多数的困境。

事实上，身体的任何部位都是进行打击和控制对手的武器，不仅仅局限在拳脚上。全身自上而下，除拳、脚以外，共有40多处部位可以用来实施有效的打击。你还可以用头冲撞、用手指抠戳，甚至在特定情况下还可用牙齿来撕咬敌人，正所谓“武装到牙齿”。

为了达到制服暴徒的目的，你可以无所不用，不择手段。前提是你要充分了解你的身体哪些部位可以作为有效的武器来施展攻击，并且根据具体情况选择正确的武器，以最快的速度和最准确刁钻的角度攻击对手的要害部位，释放出身体里所有的能量，予以致命一击。

下面我们就来打开我们强大的“人体武器库”，逐一展示一下我们的制敌利器吧。

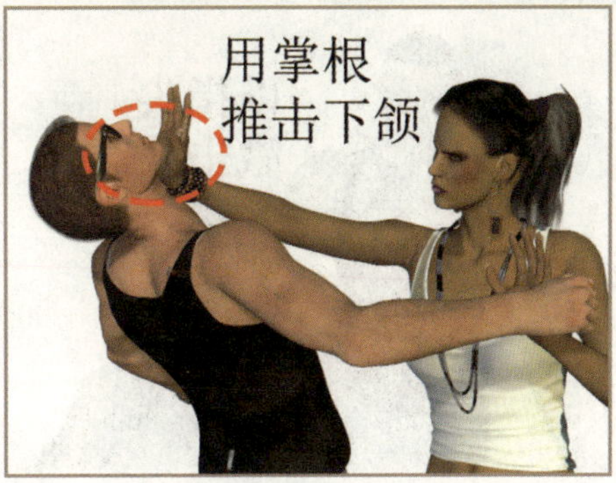
用掌根
推击下颌

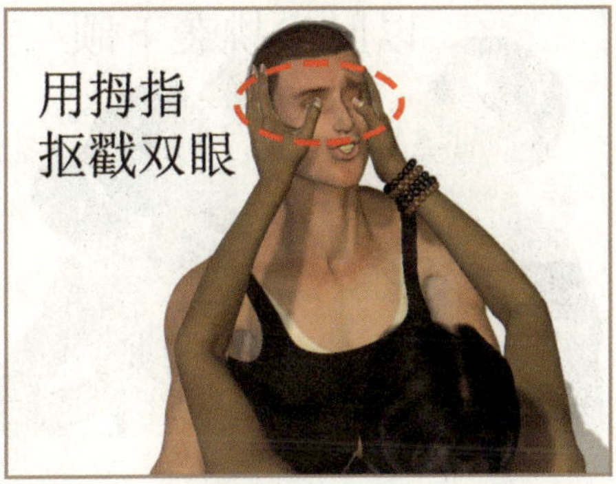
用拇指
抠戳双眼

以前额
冲撞鼻子

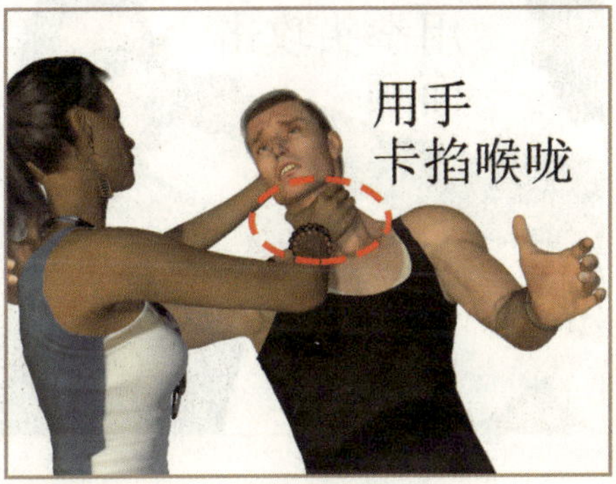
用手
卡掐喉咙

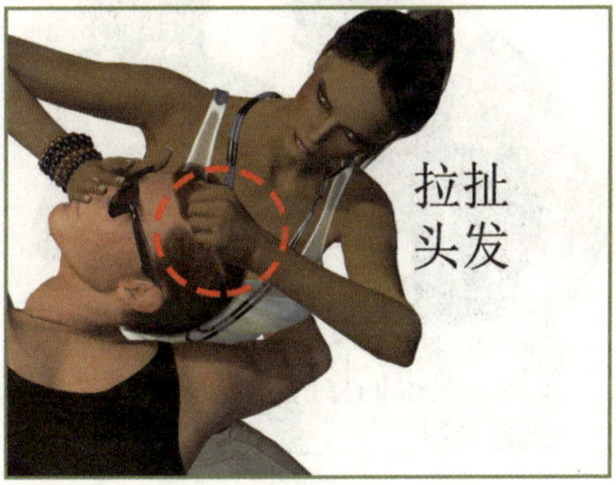
拉扯
头发

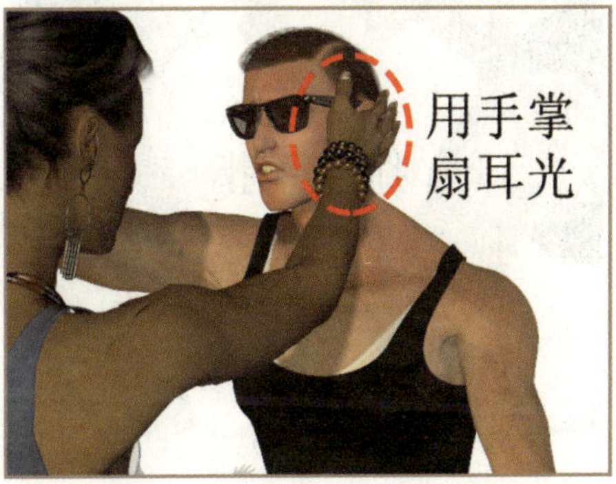
用手掌
扇耳光

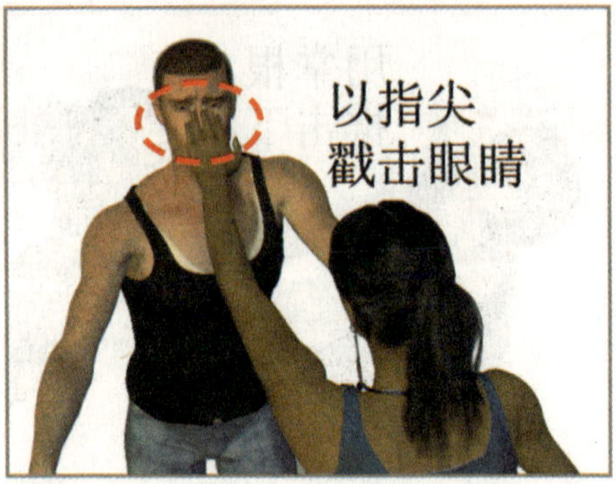
以指尖
戳击眼睛

以掌刃劈砍
后脖颈

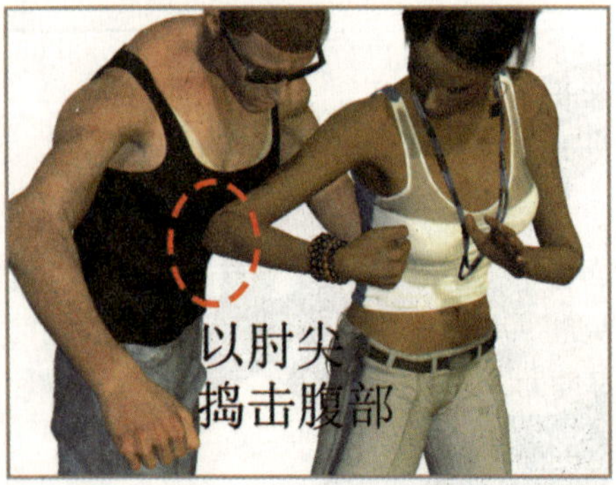
以肘尖
捣击腹部

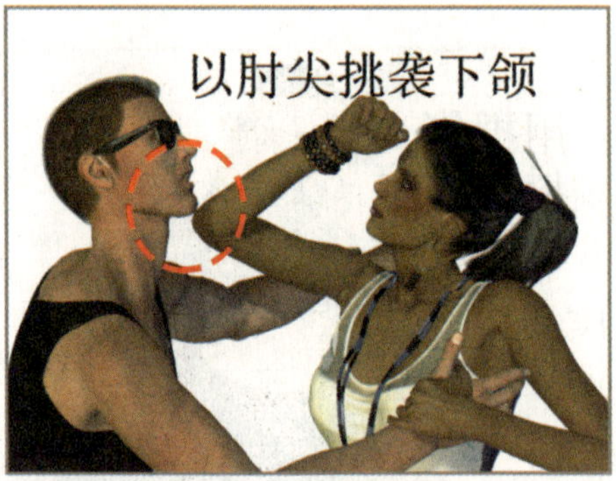
以肘尖挑袭下颌

用拳头攻击
面颊

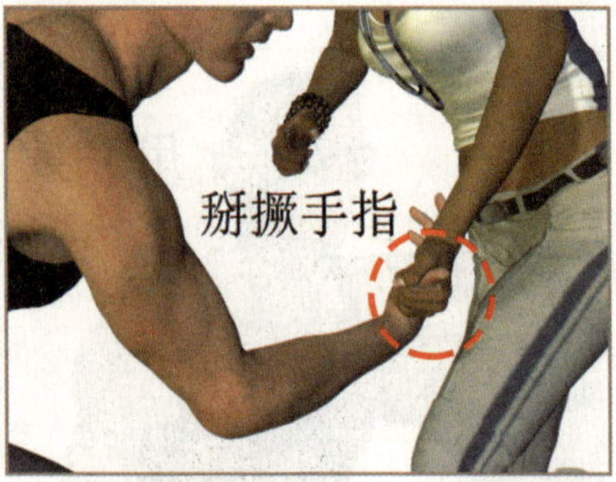
掰撅手指

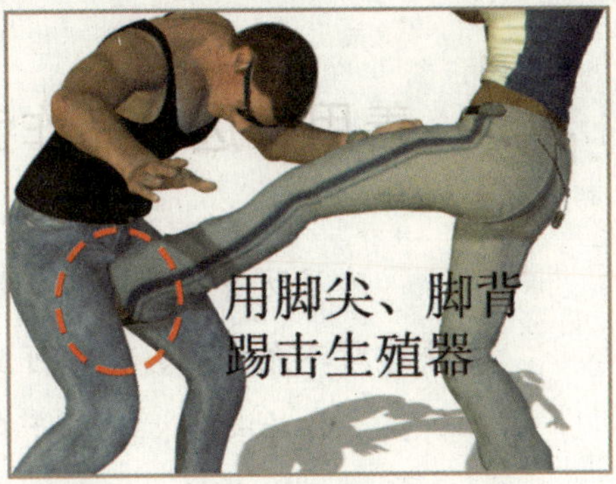
用脚尖、脚背
踢击生殖器

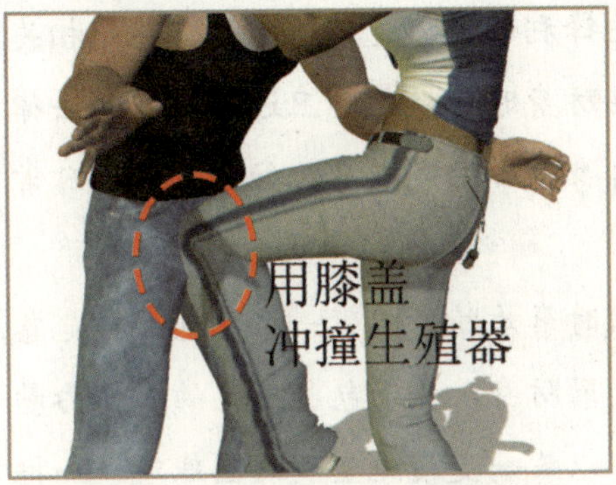
用膝盖
冲撞生殖器

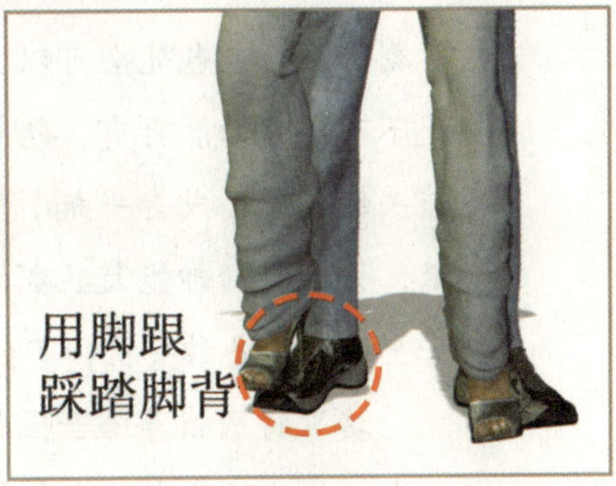
用脚跟
踩踏脚背

侧踹
膝关节外侧

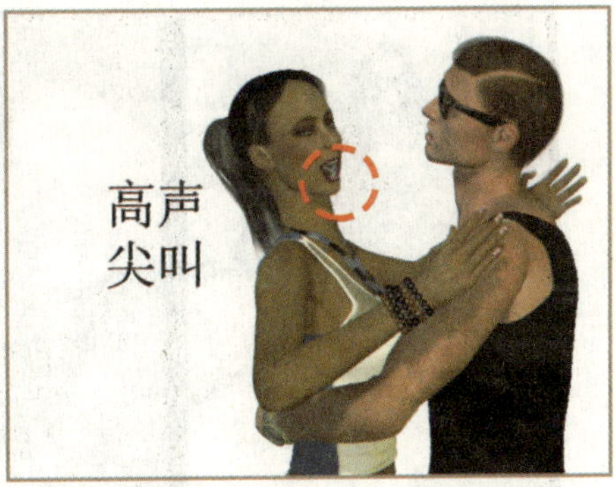
高声
尖叫

撕咬
耳朵

D 善用身边物品作武器自卫防身

为了防身，总是随身带着把锋利的菜刀是不现实的，也是相关法律所不允许的，甚至可能会在防身时导致你防卫过当，招致法律诉讼。作为女性，要善于利用自身携带的或者身边触手可及的日常用品来防身自卫。

女性有一个特点，就是外出时喜欢随身携带一个包包，在危急时刻，这个包包完全可以当作武器防身，抡动包包产生的打击力量是不可小觑的。再有，包包里可以装一支质地坚硬的圆珠笔、一把梳头的梳子，或者一瓶小型的发胶喷雾剂。这些小物件看上去不起眼，关键时刻却能大显威力。更重要的是它们便于携带，而且能够安全地通过各种安检，不会给你惹上不必要的麻烦。

这里特别推荐给女性朋友一件好东西——酷棍，可以挂在钥匙链上，作为防身武器非常实用，威力巨大，且便于携带。

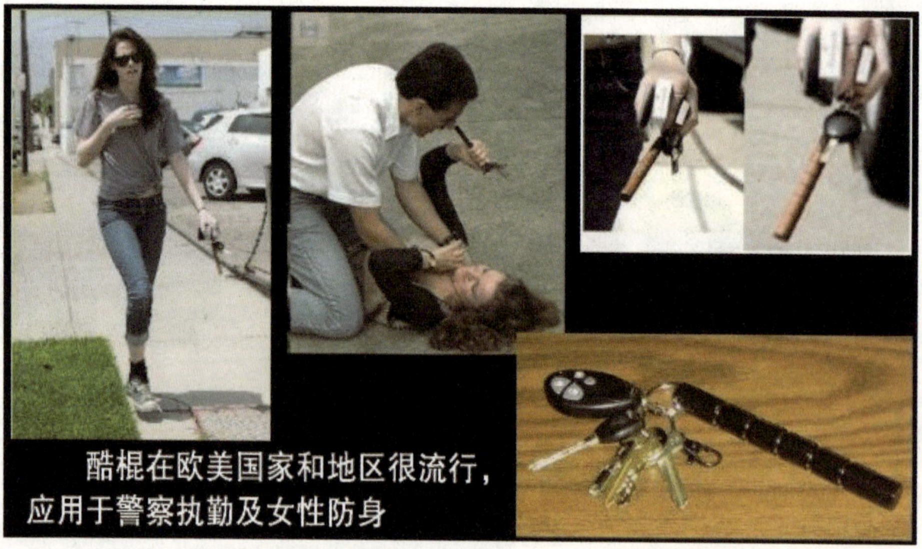

酷棍在欧美国家和地区很流行，应用于警察执勤及女性防身

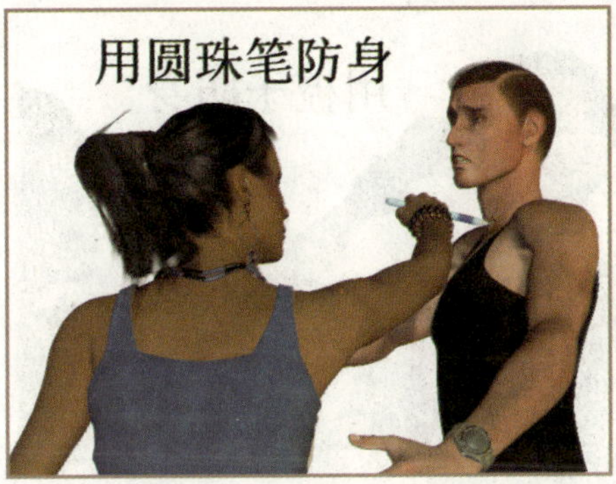
用圆珠笔防身

用手机防身

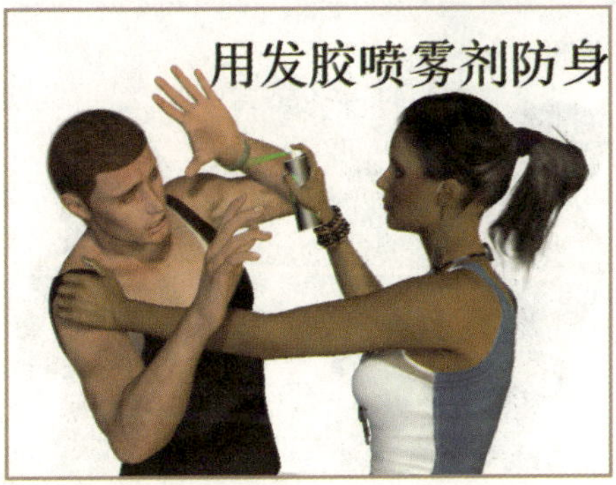
用发胶喷雾剂防身

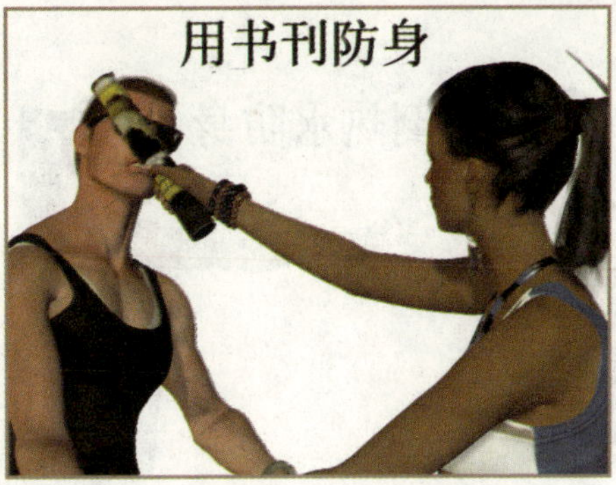
用书刊防身

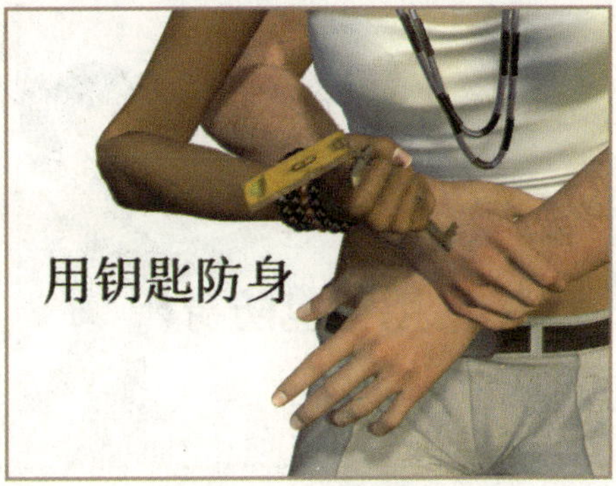
用钥匙防身

用高跟鞋防身

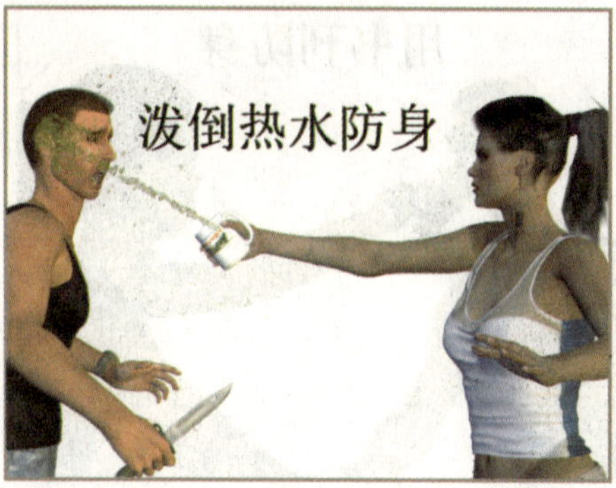
泼倒热水防身

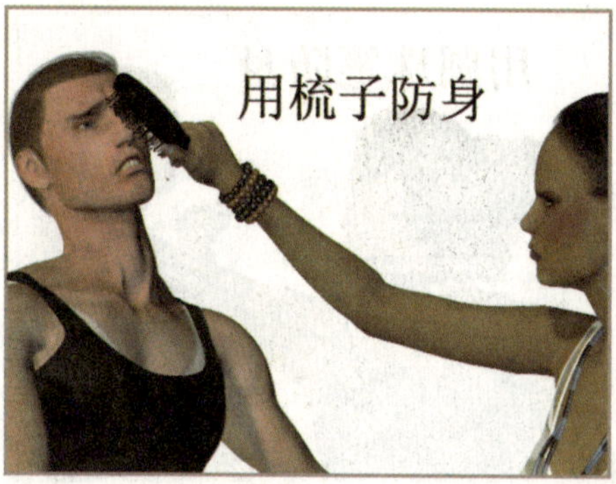
用梳子防身

用背包防身

用椅子防身

用拖把防身

用雨伞防身

第3章

摆脱各种肢体控制与纠缠

A 发辫遭遇抓扯时的摆脱与反击方法

头发被无耻的暴徒抓扯，尤其对于弱小的女性，是一件非常痛苦的事情，其很可能被对方拖扯摔倒。而且头部一旦被对方牵制，会严重影响被侵袭者的视线，无法正确判断对方的攻击意图。如果不能及时摆脱纠缠，就会令女性始终陷于被动挨打的局面当中。

头发被抓扯，虽然是件比较不愉快的事情，但是也并非无药可解，只要从容应对，定能转危为安。下面举例示范一下以色列女子防身术给予的应对策略。

实用范例 1

▲ 与暴徒发生正面冲突时，对方突然用右手抓住我的头发，并用力向下、向后拉扯。

▲ 我迅速上扬双臂，将双手置于对方右手上方。

▲ 旋即，用双手由上而下扣抓住对方右手背部，将其牢牢扣压在头顶，以化解其拉扯之力。

▲ 同时，上体前倾，快速低头，重心向前下方移动，大幅度弯腰的同时，用头顶和双手协同作用来撅别对手右手腕关节，令其顿生痛感。

▲ 继而，右脚向后撤步，双手扣住对方右手一并向后牵扯，迫使其重心失衡而向前扑倒。随即，我身体重心提起，飞起右脚猛踢对方头部，予以重创。

实用范例 2

▲ 暴徒由我左侧用右手抓住我的头发，用力拉扯。我可以向一侧歪头、俯身，尽量顺应对方右手的拉力，不要强硬挣脱。

▲ 在俯身的瞬间，我身体左转，猛然抬起左臂向左上方挥摆，以左掌掌刃为力点拨砍对方右臂内侧，迫使其放松对我头发的抓控。

▲ 旋即，连续挥舞右拳猛击对手面门或下颌。

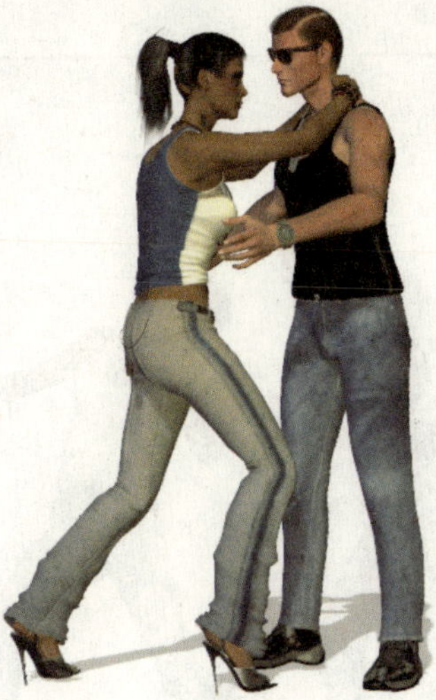

▲ 进一步，右脚上步逼近对方，双手攀扣住对方后脖颈，用力向怀中拉扯。

▲ 在双手攀住对方脖颈的基础上，上体猛然前冲，以前额为力点狠狠顶撞对方鼻梁。

▲ 也可以在双手控制住对方脖颈的情况下，用左腿膝盖冲顶其裆部生殖器，同样可以达到重创对手的目的。

▲ 无论采用哪种手段反击，还以颜色后，都要迅速退步撤身，与对方拉开距离。

实用范例 3

▲ 暴徒由背后跟踪我，突然伸出左手抓住我的发辫，用力拉扯。

▲ 当感觉到发辫被抓住的瞬间，不要用力抗拒，右脚向右后方退步，身体顺势右后转，使头部尽量顺应对方拉扯的力量，以缓解疼痛。

▲ 身体继续右转，右手用力向外拨挂对方左臂，同时左臂向前上方以直臂撩击对方裆部生殖器，令其产生剧痛。

▲ 当对方放松对我发辫抓扯的时候，可以用左拳连续攻击对方头部。

▲ 一顿打击后，双手顺势攀扣住对方后脖颈，用力向怀中拉扯。

▲ 在用双手控制住对方脖颈，令其缩短与我的距离后，可以再用左腿膝盖连续冲顶其裆部生殖器，予以重创。然后迅速退步，与对方拉开距离。

B 遭遇正面卡掐脖颈时的摆脱与反击方法

颈部是人体主要的呼吸通道，也是人体供给大脑血液的唯一通道，所以其一旦遭受巨大外力的压迫和阻滞，即可造成头部供血不足、呼吸困难，甚至窒息。

对于一名柔弱的女子来说，一旦脖颈被卡掐住，尤其是当暴徒由正面用双手的大拇指卡扼压迫在气管部位，并用力向前推搡，或者身体被抵顶在车辆、墙壁等障碍物上时，危险性就更加巨大了，必须立即采取相应的措施摆脱困境，否则后果不堪设想。

实用范例 1

▲ 暴徒由正面伸出双手卡掐住我的脖颈，我立即抬起左臂，屈肘由外向内以左手扣按住对方右腕内侧。几乎同时，右脚向前逼近，身体重心前移。

◀ 在接近对方的一刹那，身体猛然左转，左臂屈肘夹紧，左手用力向下掰拉其右腕，迫使对方右手脱离我的脖颈，并顺势抓握住对方右手大拇指。同时右臂屈肘，借身体左转之势向右上方快速扬起，以肘尖为力点挑击暴徒下颌。

▲ 紧接着，向后移动脚步，身体重心后移，左手攥紧对方右手大拇指，用力向前下方撅折，并顺势向后拖拽，可令其身体因重心失衡而向前扑倒。

▶ 对方倒地后，我可以飞起右脚，猛踢其头部，予以重创。

实用范例 2

▲ 暴徒正面实时袭击，双手触及我脖颈的一刹那，我身体猛然右转，同时左臂伸展，高高向上抬起，以左侧腋窝裹覆住他的右手腕部，对其形成一定的压力。同时，右臂屈肘内扣，右手扣抓住对方左手，并用力向下拉扯。

▲ 在右手拉扯对方左手的同时，身体继续右转，重心猛然下沉，左臂随之屈肘下砸，以肘尖及大臂外侧为力点猝然垂直向下沉压，迫使对方双手放松对我脖颈的控制。

▲ 继而，身体再猛然左转，在右手牢牢控制住对方左手的前提下，左臂屈肘随身体的转动向左后方摆扫，以左肘尖为力点狠狠袭击对方下颌。

▲ 紧接着，身体重心向前移动，左手抓扯住对方左侧肩头，用力向下压制，迫使其向前俯身。旋即，抬起左腿，以膝盖为力点冲顶暴徒裆部。

C 遭遇侧面卡掐脖颈时的摆脱与反击方法

当暴徒由我的身体侧面针对我的脖颈实施掐窒时，彼此的身体形成垂直状态，两人间的距离相对而言比较近。对方伸出双手的同时，其面颊和胸腹部会一并暴露在我一侧手臂的攻击范围之内，因此实施反击和脱解也相对于正面袭击容易一些。另外，由于对方的两只手是一前一后掐卡我的脖颈，其对咽喉和气管构成的危害也相对较小些。这些特点都是我们在进行防御和逃脱时可以充分利用的因素。

实用范例 1

▲ 暴徒由我的身体右侧逼近，突然伸出双手、张开虎口卡掐住我的脖颈，其左手卡住我的后脖颈，右手掐住我的咽喉部位，双手一并发力，令我感到窒息。

▲ 我上体迅速右转，同时右臂向身体右后方摆动，从而顺势将右侧肩头由对方双臂内侧绕出，移至对方左小臂外侧。

▲ 动作不停，身体继续右转，右臂随之向右上方抬起，同时左臂随身体的右转而向前快速摆动，以手掌为力点撩拍对方裆部。

▲ 旋即，身体再猛然向左转动，右臂随之向左侧摆动，以右侧腋窝裹覆住对方左手腕部，对其形成一定的压力。

▲ 动作不停，左手扣抓住对方右手，用力下拉。同时身体继续左转，重心猛然下沉，右臂屈肘，以肘尖及大臂外侧为力点猝然垂直向下沉压，迫使对方双手放松对我脖颈的控制。

▲ 继而，身体再猛然右转，身体重心向右前方过渡，右臂屈肘随身体的转动向右后方摆扫，以右肘尖后侧为力点狠狠袭击对方下颌。

◀ 动作不停，身体继续右转，左臂屈肘横摆，以肘尖为力点针对对方头部实施二次打击，令其防不胜防，疲于招架。

实用范例 2

▲ 暴徒由我身体右侧用双手卡掐住我的脖颈，令我感到窒息。

▲ 我迅速向左转身，使后背朝向对方，重心左移，以缓解对方掐窒的力度。

▲ 旋即，再突然向右转动身体，用左手扣抓住对方右手。同时，右臂随身体的转动向右上方高高扬起，大臂和肩头尽量靠近自己右耳侧，然后屈肘向右下方摆动、砸压，以大臂后侧及肩腋后侧为力点拨压对方双手腕部，迫使其放松对我脖颈的控制。

▲ 身体右转不停，右手顺势刁抓住对方右手腕，左手按压其右臂肘关节外侧，同时屈膝抬起左腿，以膝盖为力点冲顶对方右侧腰肋位置。

▲ 紧接着，向后移动脚步，并顺势向后拖拽对方，可令其因身体重心失衡而向前扑倒。

▲ 对方摔倒瞬间，飞起右脚，迎面猛踢对方头部，予以重创。

D 遭遇背后卡掐脖颈时的摆脱与反击方法

相对于正面的攻击，由身后用双手卡掐脖颈，危险性会弱一些，咽喉和气管遭受的压迫会轻一些。尽管如此，虽然没有正面窒息那么具备杀伤力，但由于是从身后发动的攻击，动作突如其来，往往不易察觉，反应会迟滞，容易被对方得手，一旦其攻击成功，依然是非常被动的局面，因为这会造成颈动脉供血不畅，而导致头晕，甚至是昏厥。尤其是在对方加速前冲的状态下，还很容易被其推倒在地。

实用范例 1

▲ 暴徒于我背后偷袭，突然伸出双手，张开虎口由后向前卡掐住我的脖颈，且用力前冲将我向前推搡。

▲ 我身体重心迅速向前移动，低头、耸肩、缩颈，双臂自然抬起，在对方双手触及我脖颈的瞬间，立即双臂屈肘，由外向内向后上方以双手扣抓住对方双腕内侧靠近大拇指位置，并用力向两侧拉扯，以分散其力。

▲ 在将暴徒双手由我脖颈拉扯开的一刹那，右脚顺势向后移动半步，右臂向后方伸展摆动，以右掌撩拍对方裆腹部。

◀ 继而，身体右转，右臂屈肘随腰胯的转动，用力向右后上方横扫，以肘尖部位为力点袭击对方下颌。

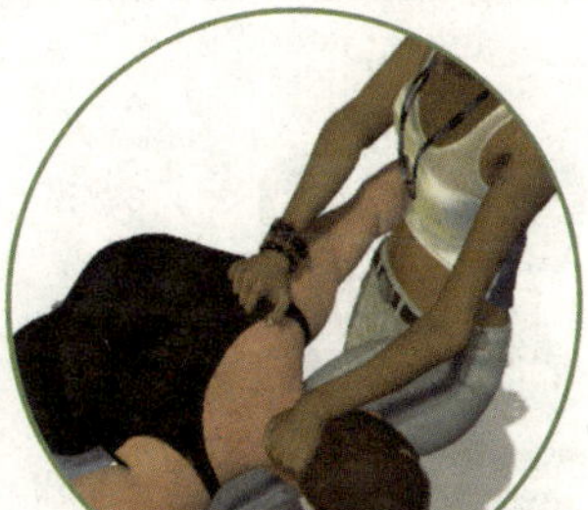

▲ 紧接着，身体继续向右转动，双手快速捕捉对方上体，并用力向怀中拉扯，迫使其尽量靠近自己，左腿猛然屈膝抬起，以膝盖为力点向前上方顶撞其胸部。

▲ 进一步，还可以用左脚连续踢击对方裆部，予以致命打击。

实用范例 2

▲ 当暴徒于我背后偷袭，其双手触及我脖颈的瞬间，我左脚向前迈步，身体右转，左臂顺势朝头部左上方摆动，同时右臂朝身体右后方摆动，以右掌猛拍对方裆部。

▲ 继而，右脚向前上步，身体再猛然左转，左臂向左后方摆动，左手高高向上抬起。

▲ 以大臂后侧及肩腋后侧为力点拨压对方双手腕部，迫使其放松对我脖颈的控制。

▲ 旋即，在成功摆脱对方双手控制的一刻，我左右手先后揽抱住对方的脖颈，并用力向下压制、拉扯，令其俯身低头，同时右腿屈膝前冲，以膝盖为力点狠狠冲顶对方裆部。

▲ 紧接着，右脚向后落地，右手抓住对方后背位置，右臂屈肘，以肘尖为力点向下抵压对方后脑位置，迫使其抬不起头来。同时，左臂向左侧伸展，撩挂住对方右臂。

▲ 动作不停，左臂屈肘内旋，向上向右撩动对方右臂，以左臂肘窝圈揽住对方右大臂，左手顺势扣抓住自己右手腕部，从而针对其右侧肩臂形成锁控之势。

▲ 接下来，在双臂控制住对方右侧肩臂的前提下，右脚向身体右后方沿弧形路线移撤一大步，身体猛然向右旋转，利用离心力瞬间破坏对方的身体重心平衡，将其掀翻在地。

▲ 当对方被摔倒后，可以再抬起右脚狠狠踩踏其腹部。

E 单手手腕被抓扯时的摆脱与反击方法

发生肢体冲突时，抓扯手腕或者手臂是平常人的本能反应，其目的一般都是要通过用力拉扯拖拽来破坏你的身体重心平衡。

一般情况下，暴徒抓扯住你的一条手臂后，往往会在掌握主动权的同时挥舞另一条手臂发动攻击，这对于你是非常不利的情况。一条手臂受到牵制，不仅很难发动有效的攻击，而且防御能力也将大打折扣，你的技术动作就会受到限制，因此必须立即摆脱对方的控制。

实用范例 1

▲ 暴徒用左手抓住我的右手腕部，用力向后拉扯，在对方脚步后撤、对我使劲进行拖拽时，我右脚可以向前移动一步，以缓解其拉扯的力量。

▲ 旋即，我迅速向左转动身体，左脚朝身体左后方摆动一步，带动右臂在水平方向上屈肘回收，肘关节瞬间收紧，以小臂尺骨一侧为力点向外挤别对方左手虎口位置，迫使其放松对我右手腕的抓握，从而顺利挣脱出来。

▲ 动作不停，在右臂成功逃脱之后，身体再猛然向右侧转动，带动右臂屈肘朝右后上方摆扫，以肘尖为力点扫袭对方右侧下颌，予以强力反击。

◀ 或者，左脚朝身体左后方沿弧形路线移动一步，身体猛然左转，带动左臂屈肘朝身体左后方摆扫，以肘尖为力点扫袭暴徒头部左侧。

实用范例 2

▲ 当暴徒由正面用右手抓住我的右手腕时，我右脚立刻向右外侧移动一小步，屈膝使重心下沉，右臂随之向右下方引领对方右臂，诱使对方俯身。

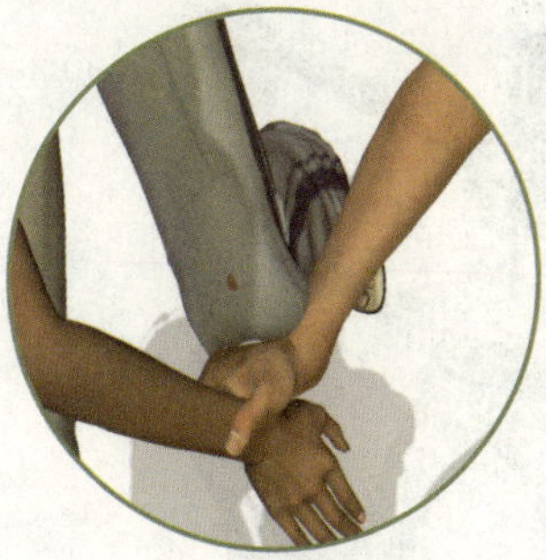

◀ 旋即，左腿屈膝抬起，以膝盖位置抵跪住对方右手腕部，并用力向前下方跪压，迫使其放松对我右臂的抓控。

▲ 在利用左腿膝盖的跪抵力量逼迫对方右手松开的一瞬间，我左腿顺势向前挺膝伸展，以左脚袭击对方左腿膝关节内侧，可以有效地破坏对方的身体平衡。

▲ 左脚的攻击动作无论成功与否，都要迅速落地、站稳，上体随即向右侧拧转，带动左臂朝身体右侧摆动。

▲ 然后，上体再猛然左转，挥舞左拳捶击对方太阳穴。

▲ 身体继续左转，同时右臂屈肘，借助转体之势横摆而出，以肘尖为力点再次袭击暴徒下颌。

F 双手手腕被抓扯时的摆脱与反击方法

双手抓扯双侧手腕与手臂，具体可以分为正面双手抓扯和背后双手抓扯两种情况。对方抓扯你双臂的目的一般是要对你进行纠缠和控制，此刻其发动拳脚攻击的可能性较小。

相对于单手被抓扯而言，针对双手被控制的脱解要困难一些，要求被动一方要具备良好的格斗基础，力量、速度等方面的基本素质也相应地要求高一些。

实用范例 1

▲ 暴徒由正面用双手抓住我的两手腕部，并用力向后下方拉扯，我身体重心随之向前移动，在缓解其拉扯力度的同时，双臂内旋，向两侧摆动伸展，将对方双手向两侧拉开一定距离。

▲ 旋即，上体后仰，双臂外旋，猛然屈肘向上抬起，肘关节瞬间收紧，以小臂尺骨一侧为力点向下分别挤别对方双手虎口位置，迫使其放松对我手腕的抓握，以便彻底挣脱出来。

▲ 紧接着，在双腕顺利挣脱后，右脚蹬地，推送身体重心向前过渡，右臂屈肘抬起，以肘尖为力点横摆对方下颌，予以快速反击。

实用范例 2

▲ 暴徒由我身后跟踪，突然伸出双手分别抓住我的两个手腕，并用力拖扯。

▲ 我左脚迅速向左后方移动，身体左转，以缓解对方拉扯的力度。

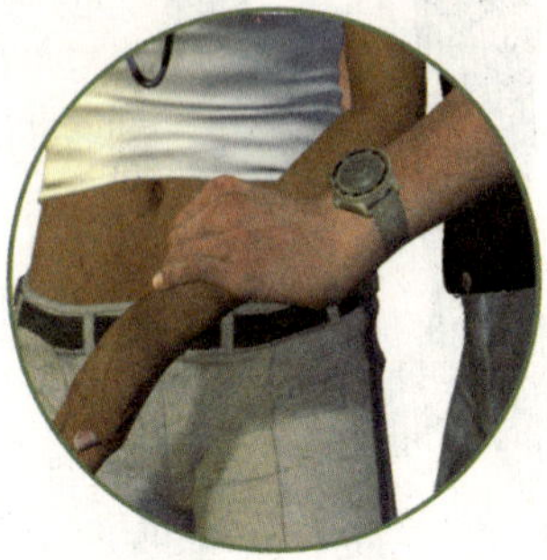

◀ 继而，左手手掌外旋，令掌心向上，左臂屈肘向身体内侧摆动，以小臂桡骨部位为力点挤压对方左手虎口的脆弱部位，迫使其放松对我左臂的控制。

▲ 在左臂挣脱束缚后，顺势扬起手臂，然后身体猛然向左后方拧转，左臂屈肘，以肘尖为力点朝左后方横扫对方头部，连续击打，直至对方彻底放松对我的拉扯。

▲ 进一步，可以双手攀扣住对方的后脖颈，用力向怀中拉扯，然后右腿屈膝提起，以膝盖为力点冲顶其裆部生殖器。

G 被用力拖拽手臂时的摆脱与反击方法

暴徒用双手抓扯并拖拽女性一条手臂的目的，大多是为了将其拖拽到一个更加危险的环境中，比如空旷的房间、黑暗的小巷、卡车里面等，对其实施劫持、绑架或者性侵。由于对方双手合力作用于女性单臂之上，其拖拽的力量会比较大，如果被侵袭者没有充分的准备，很容易被对方拽倒，或者对其手臂各关节形成脱臼一类的创伤。

快速地针对暴徒的要害部位进行攻击，是摆脱这种困境的最好方法，因为对方双手都作用于你的一条手臂上，其无形中削减了他的防御能力。

实用范例 1

▲ 当暴徒用双手拉扯拖拽我右侧手臂时，我可以先用左手戳击其眼睛，进行袭扰。

▲ 随即，迅速将右手张开，虎口尽量张大。

▲ 然后右臂屈肘、内旋、上抬，右掌向外翻转、立腕，令掌心朝前，虎口向上，以虎口部位向上担架住对方左手腕内侧，令其左臂被迫向上抬起。

▲ 几乎同时，左手自上而下扣抓住对方左手手背。

▲ 动作不停，左脚向左后方移动一步，身体左转，在左手扣紧对方左手手背的前提下，右臂随身体转动而内旋，右掌向内翻转、扣拧住对方左腕，双手协同动作，沿逆时针方向旋拧其左臂，令其掌心翻转朝上，导致臂肘关节超出活动范围而产生剧痛。这一动作，同时可以迫使对方被动弯腰俯身。

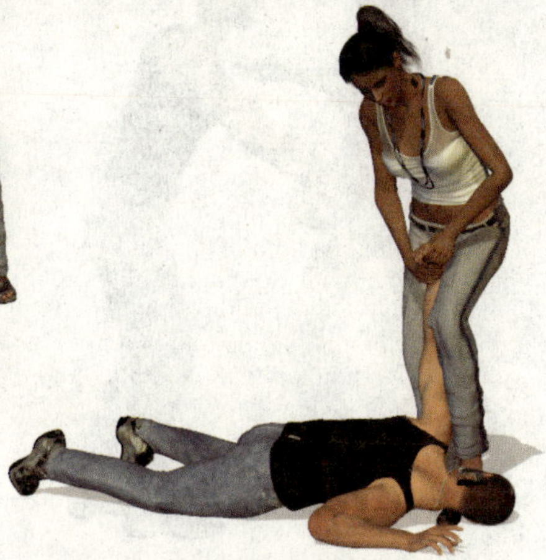

▲ 旋即，双手牢牢控制住对方的左臂，快速向左侧移动脚步，牵引拖拽对方，令其因身体重心失衡而扑倒在地。对方倒地后，可用左脚狠狠踩踏住其头部。

实用范例 2

◀ 双方发生冲突时，暴徒用双手拉扯拖拽我的右侧手臂。

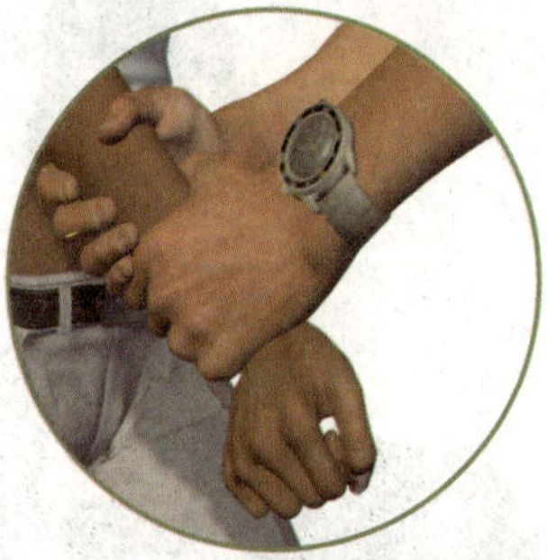

▲ 此时我右臂向外摆动，右拳立腕、外翻，使手心尽量朝下。

▲ 紧接着，我身体略微右转，左臂向右侧伸展，左手由对方双臂上方掠过，向右、向下移动，由对方左臂外侧扣抓住自己右拳拳面位置。

▲ 动作不停，身体左转，左手扳住右拳，双臂同时用力沿弧形路线自右向上大幅度移动，可以迫使对方双手被动翻转。

▲ 当双手移动至面前、高于头部的位置时，身体重心骤然下沉，双手随之快速垂直沉降，瞬间发力，给对方双手形成巨大压力，可以成功摆脱其控制。

▲ 双臂自由后，右脚向前迈进一步，左脚蹬地，推送身体重心再向前过渡，上体左转，带动右臂屈肘、自右向左横摆，以肘尖为力点袭击对方下颌。

H 被翻拧手臂时的摆脱与反击方法

暴徒控制、翻拧你手臂的目的是对你实施擒拿，最终达到降服你的目的。手臂上的腕、肘关节一旦被反向施加压力，活动范围超过了其生理极限，就会产生难以忍受的剧痛，后果不堪设想。这就要求我们在面对这种局面时，做到及时反应，果断行动，及早摆脱控制，变被动为主动。

摆脱控制时尽量顺势而为，绝不能与对方翻拧手臂的力量抗衡，单从力量角度而言，你终究是弱者，要学会以巧破敌。

实用范例 1

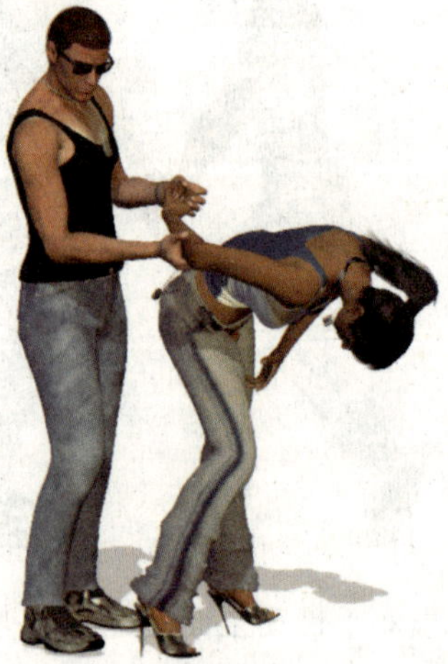

▲ 暴徒由我的身后用双手抓扯住我的右小臂后，随即用力向上翻拧我的右臂肘，令我疼痛难忍，被迫向前俯身。

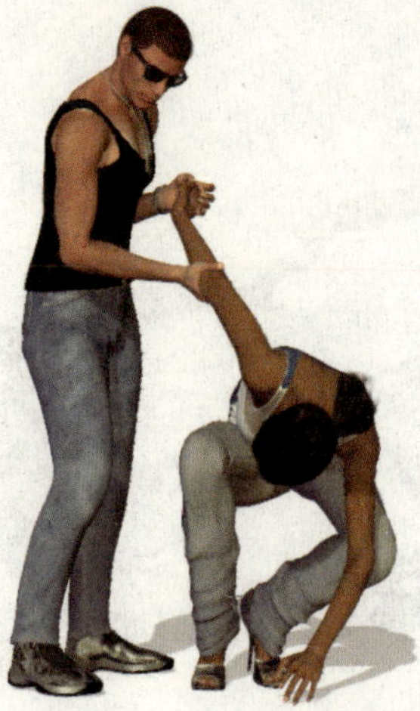

▲ 此时我可以降低身体重心，双腿屈膝下蹲，同时身体向右转动，以缓解对方对我右臂翻拧所产生的力量。

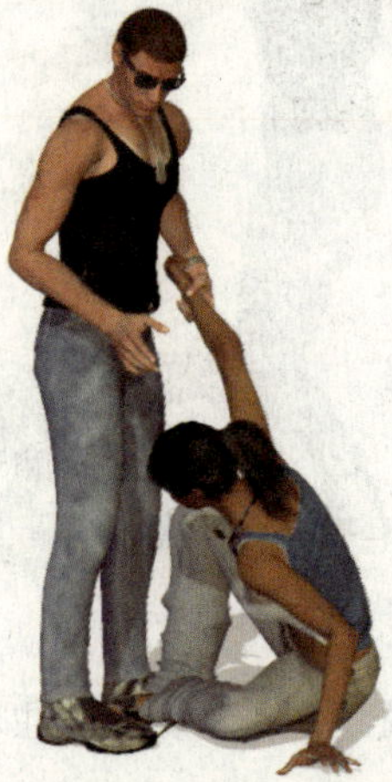

▲ 身体继续向右翻转，以左臂扶撑地面，左侧臀部席地而坐，主动倒地形成地面侧躺姿势。

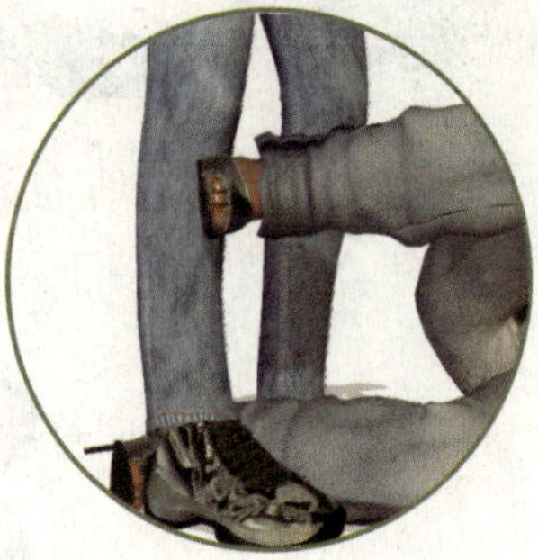

▲ 左脚顺势伸至对方右脚后方，牢牢勾住其右脚脚后跟位置，同时将右脚蹬踏在对方右腿胫骨接近膝盖位置。

▲ 旋即，在左脚固定住对方右脚脚后跟的基础上，右脚用力向前蹬踹其右腿，双腿交错发力，破坏其身体平衡的同时，可以针对其膝关节及胫骨造成创伤。

▲ 在破坏对方身体平衡，令其向后仰摔倒地后，我迅速向后移动身体重心，起身站起来。

实用范例 2

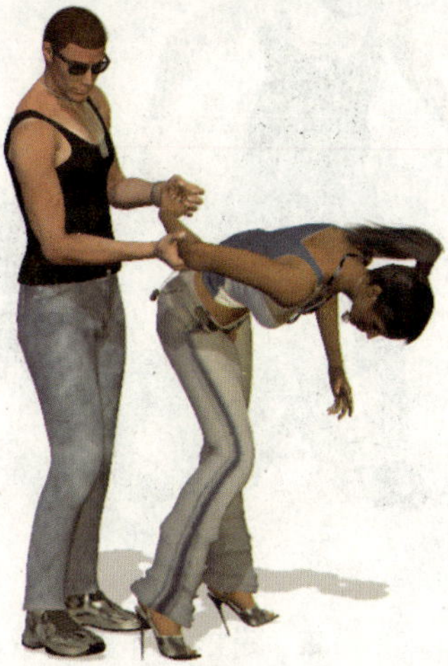

▲ 暴徒由我身后用双手抓扯住我的右小臂，并用力向上翻拧我的右臂肘，令我疼痛难忍，被迫向前俯身。

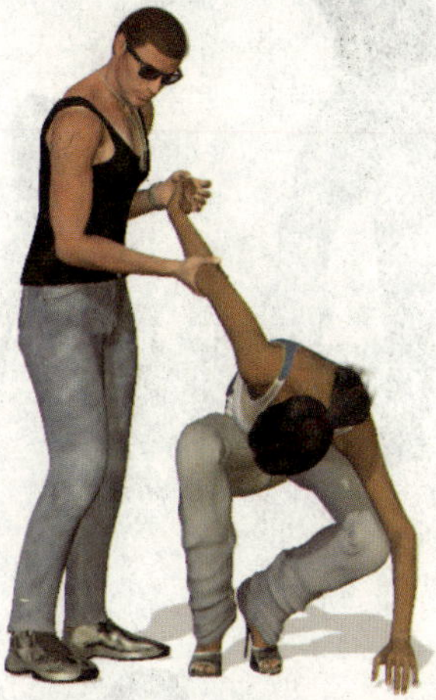

▲ 我迅速降低身体重心，双腿屈膝下蹲，同时身体向右转动，以缓解对方对我右臂翻拧所产生的力量。

▲ 动作不停，身体继续向右翻转，用左手扶撑地面，左侧臀部席地而坐。

▲ 臀部着地后，迅速抬起右脚，以脚后跟为力点向上踢击对方裆部。

▲ 踢裆动作结束后，右脚下落，与左脚一并伸至对方两脚之间，身体略右转，双臀着地坐稳，双臂向后伸展，双手扶撑地面。

▲ 继而，双腿突然向两侧分开，以两脚脚踝部位为力点分别向两侧勾踢对方双脚脚踝位置，迫使其双腿向两侧过度分开，使其瞬间重心失衡，站立不稳而跌倒。

I 遭遇正面搂抱时的摆脱与反击方法

暴徒将你拦腰抱住或者连同手臂一起将你环抱住，通常是不会给你身体造成直接的伤害，但是你的行动会受到极大的限制。对手将你抱起来的目的大多是为了限制你的自由，或者将你挟持到别处，甚至将你摺倒，将你拖入到地面战斗阶段。此刻无论是进攻还是防守，你都是被置于极其被动的状态下了。你会陷入无休无止的纠缠之中，因此必须迅速采取措施逃脱。

本节给女性朋友介绍几种遭遇正面强行搂抱时行之有效的摆脱与反击方法。

实用范例 1

▲ 暴徒由正面突然伸出双手，将我的身体连同双臂一并环抱住。

▲ 我右脚向后撤步，拉开与对方的距离，同时用左手向前下方撩袭对方裆部。

▲ 旋即，双臂屈肘向上抬起，双手张开手掌，以双掌掌心夹住对方面颊两侧，以两个大拇指卡住其鼻子根部。

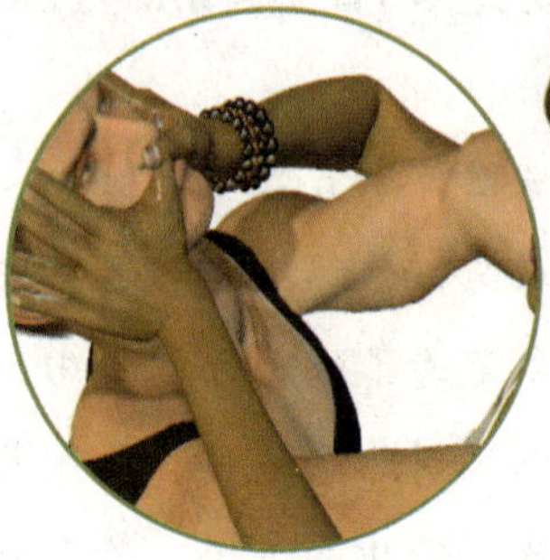

▲ 动作不停，双掌一并发力向前翻拧，以大拇指为力点推送对方鼻子根部，迫使其向后仰头。

▲ 紧接着，在双手实施动作的同时，右脚快速向前上步，跨至对方身后，左脚随之跟进向前移动，可以在转瞬间将对方仰面推倒而跌坐在地。

实用范例 2

◀ 暴徒由正面对我发动袭击，突然双手自我两侧腋下穿过，拦腰将我抱住，并用头抵顶住我的右侧肩头，欲将我撂倒。

▲ 由于我双臂是自由的，所以迅速用左手抓住对方头发，同时伸出右手，以掌根为力点自下而上托住其鼻子根部。

▲ 旋即，我左脚向后退步，身体猛然向左拧转，同时左手抓紧对方头发用力向左后方拉扯，右手顺势推送其鼻根，双手一并发力，沿逆时针方向旋拧，瞬间可拧折对方脖颈，并将其撂倒在地，从而达到脱解目的。

▲ 对方被掀翻在地后，我可以乘胜追击，飞起右脚连续踢击对方左侧腰肋。

J 遭遇背后搂抱时的摆脱与反击方法

背后实施的搂抱其实比正面实施的搂抱运用的概率更多一些，暴徒往往是在偷袭的时候运用，不易被我方察觉，所以其危害性就更大一些。同时，暴徒于你后背对你实施搂抱相较于正面攻击更便于将你的双脚提离地面，也更容易破坏你的身体重心，你面临被摔倒的可能性更大。

另外，由于人体生理构造的限制，被搂抱一方的视线无法全面真切地洞悉背后攻击者的状态和举动，而且四肢向身后发动攻击动作也非易事，特别是在手臂被束缚的情况下，所以摆脱控制的难度也相应地提高了。

实用范例 1

▲ 暴徒由我身后突然拦腰将我锁抱住，双臂收紧欲将我提起扭摔在地。

▲ 我迅速屈膝下蹲，降低身体重心，上体略前俯，加大对方提抱我的难度。

▲ 旋即，我身体猛然向左转动，左臂屈肘，随身体的摆转以肘尖为力点向左后上方扫击对方头部左侧。

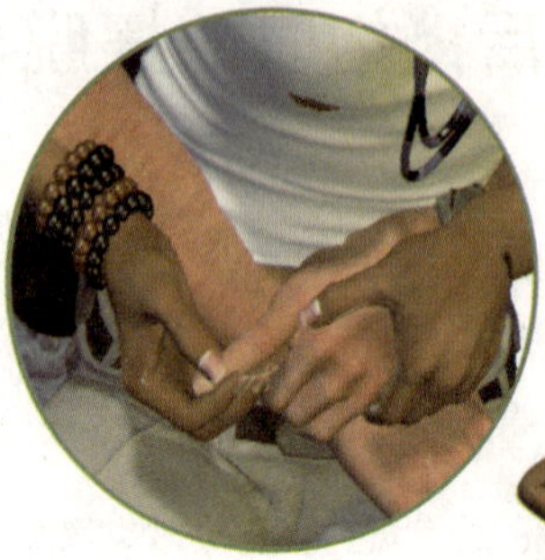

▲ 继而，可以抬起右脚猛踩对方右脚脚背。

▲ 如果对方仍不放松对我的控制，我可以用左手抓牢对方左手，同时右手撬动对方左手食指。

▲ 当对方左手食指略有松动时，右手立即牢牢将其攥住。然后，身体猛然向左转动，右手攥紧对方左手食指顺势猛撅，可令其产生剧痛而放松对我的控制。

◀ 挣脱对方锁抱后，右脚向右前方上步。

▲ 身体继续左转，左脚向后退步，面向对方，拉开距离。利用身体转动而产生的力量，瞬间发力完全可以将其左手食指折断。

实用范例 2

◀ 暴徒由我身后突然拦腰将我锁抱住，双臂收紧欲将我提起扭摔在地。

▲ 在这种情况下，我可以用左手扣抓住对方左手手指部位，然后挥舞右臂，以右手中指指节突起为力点连续敲凿其左手手背，令其产生剧痛而放松对我的搂抱。

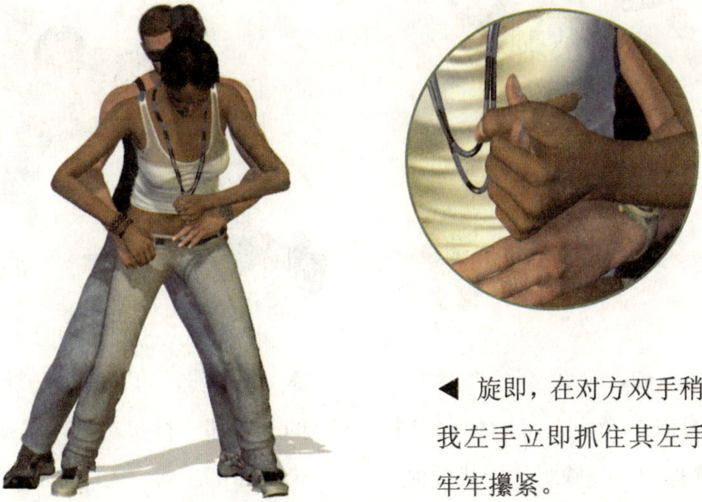

◀ 旋即，在对方双手稍有放松的一刻，我左手立即抓住其左手食指，并将其牢牢攥紧。

▲ 然后，身体猛然左转，将对方左手由我腰腹前拉扯开。

▲ 动作不停，快速移动脚步，身体继续左后转，直至面向对方。

▲ 身体转动过程中，左手始终攥紧对方左手食指，用力向下牵引，可瞬间将其拧断，并令其向前摔倒、屈膝跪伏于我面前。

▲ 进一步，可以在对方上体前俯的一刹那，抬起左腿，屈膝向前攻击其面部。

K 遭遇背后捂嘴时的摆脱与反击方法

遭遇背后捂嘴控制，是一件非常可怕的事情。一般情况，女性遭遇袭击时，都会不由自主地发出尖叫声，或者大声呼救，无形中会震慑敌胆。一旦嘴巴被对方捂住，女性内心会产生巨大的恐惧感，会感到无助和恐慌，往往会令其丧失理智，方寸大乱，毫无策略地拼命挣扎，结果根本无济于事。

以色列女子防身技术指导我们，在面临这种局面时，首先要学会保持镇定，然后再从容地摆脱控制，实施反击。

实用范例

▲ 暴徒趁我不备，由我身后发动袭击，突然靠近，用左手抓住我的左臂，同时伸出右手自后向前捂住我的嘴巴。

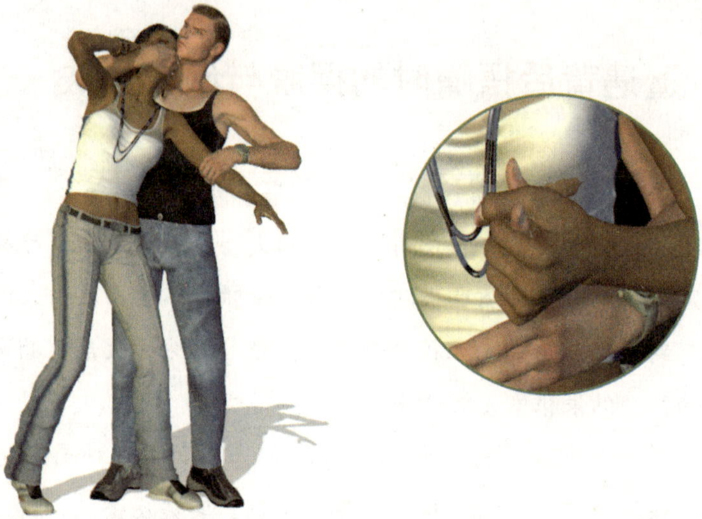

▲ 在危急关头，我迅速做出反应，身体左转，同时屈肘抬起右臂，用右手使劲扳住对方右手腕部，尽量将其拉开。

▲ 在对方右手被拉开的一刹那，身体重心向右移动，自上而下挥舞左臂，以左掌猛拍对方裆部。

▲ 动作不停，身体骤然向左拧转，带动左臂屈肘自下而上挑打，以肘尖为力点袭击对方下颌。或者直接抡动左臂，以左拳拳轮为力点捶击对方面门。

▲ 进一步，可以在成功摆脱对方控制的基础上，用双手攀揽住对方的脖颈，然后以右腿膝盖连续冲顶对方裆腹部，予以重创。

L 遭遇抓扯衣领时的摆脱与反击方法

抓扯衣领的行为一般都是在对方情绪比较激动的情况下发生的，对方可能在抓扯你衣领的同时对你进行推搡。

抓扯衣领这种举动，与双手正面卡掐脖颈有些类似，表面看起来冲突比较激烈，但实际上比较本书前面介绍的那些纠缠控制形式来说，其伤害程度并不高，对你的威胁程度没有那么强烈，摆脱和反抗起来也比较容易。我们可以借鉴摆脱卡掐脖颈的一些理念和手段，灵活变通地运用。

实用范例 1

▲ 暴徒突然用双手捋抓我的衣领，并用力推搡。我迅速双臂屈肘向上抬起，双手抬至对方双臂上方与头同高时，用右手抓住自己左手腕部。

▲ 旋即，身体重心骤然下沉，双臂随之快速下落，以双小臂为力点向下磕砸对方双小臂位置，迫使其双臂弯曲，令其猝不及防。

▲ 动作不停，在双小臂向下砸压的一刹那，右脚向后撤步，双臂继续用力向下、向怀中揽带对方双臂，瞬间动作可将对方拖倒而双膝跪地。

▲ 对方双膝着地瞬间，我左脚快速向后移动，继续拖拽对方双臂，令其随我的动作而重心失衡、向前扑摔。

▲ 在对方身体前扑的一刹那，我迅速将左腿抬起，以膝盖为力点迎面冲顶对方面门，予以强力攻击。

实用范例 2

◀ 发生正面冲突时，暴徒用双手捋抓我的衣领，对我实施挑衅。

▲ 我迅速屈肘抬起双臂，用双手抓住对方双臂肘关节，两个大拇指按住其双臂肘窝位置。

▲ 动作不停，右脚突然向后退步，双手以大拇指为力点用力向下抠压对方双臂肘窝。

▲ 旋即，在对方因双臂疼痛而被迫俯身的瞬间，我双手迅速捕获其头颅，并向下按压，同时右脚蹬地，右腿提起，屈膝向前冲出，以膝盖为力点攻击对方面门。

▲ 进一步，可以双脚快速向后移动，双手拖拽对方头颅，将其拖倒在地。

▲ 对方倒地后，我迅速抬起右脚狠狠踩踏对方头颈。

第4章

防御性骚扰与强暴犯罪

A 遭遇抱腰强吻时的摆脱与反击方法

性骚扰问题已成为当今社会令女性朋友感到焦头烂额的问题。性骚扰的危害是极其严重的，也是多方面、多层次的。性骚扰不同于强奸和暴力伤害，表面上看伤害程度不是很强，骚扰者多以性为目的，用手脚及身体的触碰、摩擦来达到自己的性满足，但是这种行为对女性内心造成的伤害却是无比巨大的。

据统计在受到骚扰的女性中，96%的女性会遭受情绪上的痛苦，典型的反应有恐惧、焦虑、压抑、羞辱、恶心。其中遭遇强行亲吻，更是令人感到愤怒和恶心的事情。

实用范例 1

▲ 骚扰者突然拦腰将我保住，并将脸凑过来，意欲对我强吻。我可以猝然向前俯身低头，以前额狠狠冲撞对方面颊，迎头痛击，可瞬间令其鼻口蹿血。

▲ 也可以在对方嘴巴接近时，抬起双臂，屈肘用双手合抱对方脖颈，分别以双手四指扣住其后脖颈，以两个大拇指抵按住其耳后下颌根部与脸颊衔接的凹陷处。

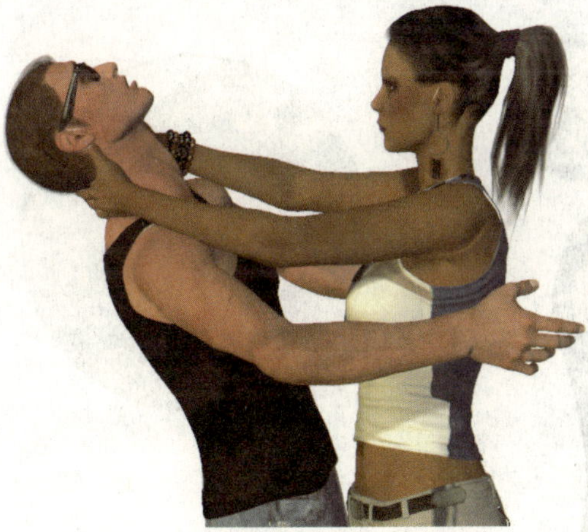
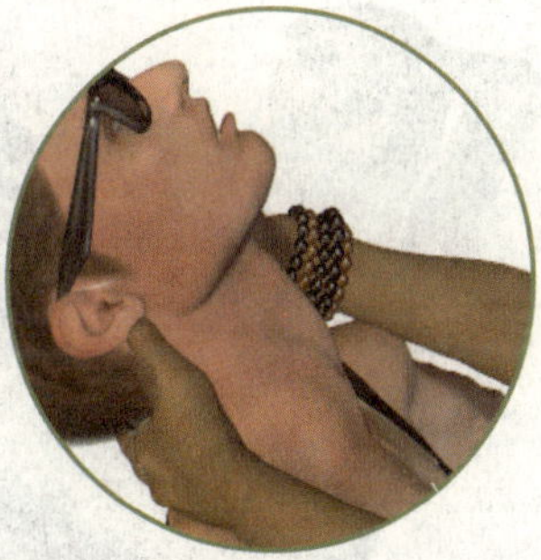

▲ 旋即，双小臂同时向前翻转，双手以大拇指为力点用力旋拧对方耳根后方，令其产生剧痛而放弃对我的骚扰。

实用范例 2

▲ 当骚扰者突然拦腰将我抱住，并将脸凑过来意欲对我强吻时，我迅速抬起双臂，用双手手掌夹住对方脸颊，两个大拇指抠住其双眼部位。

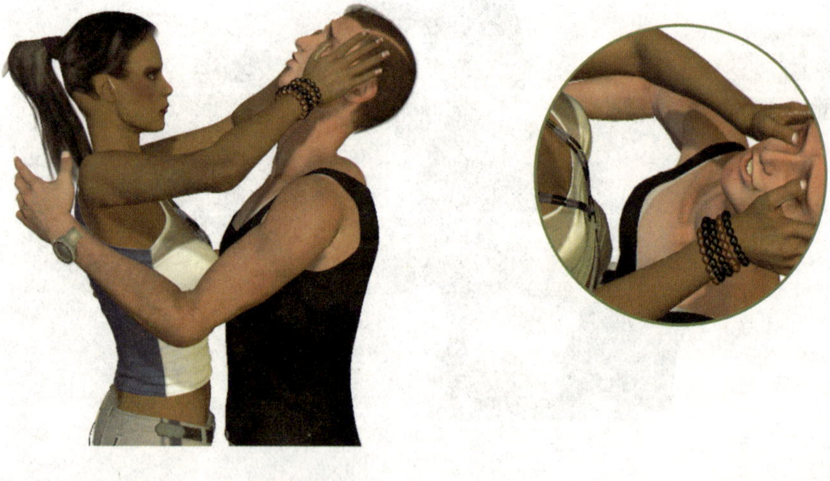

▲ 旋即，双臂一并用力向前伸展，双掌夹紧对方脸颊向前下方旋拧，双手大拇指使劲向前下方抠按其双眼，令其因眼睛剧痛而放弃对我的侵犯。

B 遭遇正面袭胸时的摆脱与反击方法

性骚扰者一般都“自我感觉良好”，认为受害者为了维护名声不会叫喊和反抗，甚至认为女性不拒绝骚扰，就喜欢这一套，一两次得手后就更加肆无忌惮。受害者的退却和沉默助长了他们的色胆，使之愈发有恃无恐。对于这些无耻的性骚扰者，女性应该奋起反抗，用行动来捍卫自己的尊严。同时，女性也要自尊自爱，注意自身的言谈举止、衣着打扮，减少可能诱发性骚扰的不良因素，避免成为色狼侵犯的目标。

实用范例 1

▲ 骚扰者伸出右手欲抓摸我的左侧胸部。我迅速将身体向左转动，同时屈肘抬起左臂，以左手掌刃为力点自内向外拨挡对方右腕内侧，以化解危机。

▲ 随着身体的转动，左手顺势翻腕刁抓住对方右手腕。同时，利用身体转动的动势，带动右臂向右前方挥摆，以右手撩击对方裆部。

▲ 随即，我右臂屈肘，由对方右臂下方向上抬起，以肘窝部位夹住对方右臂肘关节外侧。

▲ 动作不停，右臂屈肘用力向上提拉对方肘关节部位，左手攥紧对方右手腕使劲向前下方翻拧扣压，双臂同时动作，针对其右臂肩、肘关节形成压力，令其身体被迫左转、上体后仰。

▲ 紧接着，右小臂内旋，用右手扣按住自己左手手背，对其右臂形成臂锁控制。

▲ 旋即，上体略右转、前俯，双手同时向下扣压，可导致对方因疼痛难忍而被动向后摔倒。

▲ 骚扰者倒地后，我可以立即抬起右脚，狠狠踩踏其头颈，予以进一步的重创。

实用范例 2

▲ 骚扰者伸出左手欲抓摸我的左侧胸部，我迅速屈肘用右手扣抓住对方左手腕。

▲ 旋即，挥舞左臂，左手前冲，以指尖为力点猛戳对方双眼。

▲ 然后，身体右转，左臂向右侧挥舞。

▲ 身体继续右转，左臂向右侧挥摆，置于对方左臂肘上方。

▲ 动作不停，身体再向左转，带动左臂向左下方挥摆，别住其左臂肘窝位置。

◀ 然后，身体继续左转，左臂屈肘，左手扣住对方胸部，用整条左臂缠住对方左臂肘，迫使其向后仰身。同时右手放开对方左手手腕，顺势扳拉住其下颌部位。

▲ 紧接着，右脚向后撤步，右手用力向右后方拉扯对方下颌，瞬间可将其拖倒在地。

▲ 骚扰者倒地后，我可以立即抬起右脚，狠狠踩踏其头颈，予以进一步的重创。

实用范例 3

▲ 骚扰者用双手欲扑抓我的胸部，对我实施骚扰。我可以张开双手，挥动双臂，以掌心为力点自外向内掼击对方双耳。

▲ 旋即，在双手夹住对方面颊的基础上，两个大拇指按压住其双眼部位，使劲向前下方抠按。

▲ 动作不停，双手攀扣住对方脖颈，身体重心猛然向前过渡，以前额为力点狠狠冲撞对方面门。

▲ 进一步，还可以在双手控制住对方脖颈的前提下，抬起右腿，以膝盖为力点冲顶对方裆部。

▲ 在对方裆部遭袭，因疼痛而俯身弯腰时，我可以顺势以右掌劈砍其后脖颈，予以致命一击。

C 遭遇背后袭胸时的摆脱与反击方法

作为女性，无论是遭遇正面袭胸，还是背后袭胸，对骚扰者都要大声说“不”，面对他伸过来的“咸猪手”，应该当机立断，以牙还牙，用肢体反击绝对是捍卫和保护自己避免被侵犯的有效手段。你的强烈反应，会引起周边人群的注意，令色狼不敢得寸进尺。

有资料表明，女性在遭遇性骚扰时，真正因为反抗而导致的进一步报复的比例非常小。相反，那些保持退缩与沉默的女士反而因丝毫不反抗而使自己陷入更加危险的境地。

实用范例 1

▲ 陌生人由我身后靠近，突然用双手抓抱住我的胸部，对我进行恶意骚扰。

▲ 我迅速向左转动身躯，左臂屈肘，以肘尖为力点扫击对方头部左侧。

▲ 动作不停，身体再向右侧转动，以右肘扫袭对方头部左侧。

▲ 紧接着，在对方忙于躲避我的肘击时，我左手顺势攥住对方左手食指。

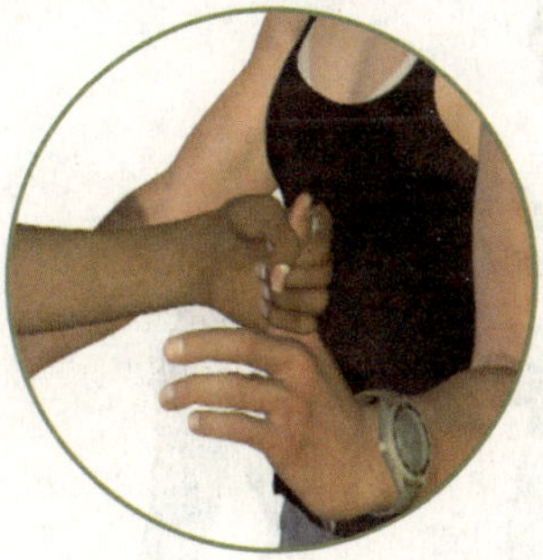

▲ 旋即，我身体猛然左转，左手攥紧对方左手食指顺势猛撅，可令其产生剧痛。

▲ 动作不停，快速挥舞右拳连续击打对方面部，予以重创。

▲ 进一步，还可以飞起右脚连续狠狠踢击骚扰者裆部要害。

实用范例 2

◀ 陌生人由我身后靠近，突然用双手抓抱住我的胸部，对我进行恶意骚扰。

▲ 我略向前俯身，右腿屈膝向上提起，右脚脚尖上勾。然后骤然垂直下落，以脚后跟为力点狠狠踩跺对方右脚脚背。

▲ 紧接着，身体略后仰，右腿再次抬起，并向前摆荡，脚尖勾起，摆荡至一定高度时，突然停止，然后猛然屈膝向回摆荡，以脚后跟为力点磕砸对方右腿胫骨部位。

▲ 右脚结束攻击动作后，自然落地，双脚站稳。继而，身体重心向左移动，左脚向左侧移动半步，使自己的腰胯由对方腰腹前方挪至其腰髋左侧，令其裆腹部露出空当，然后以右手手掌拍击其裆部。

▲ 对方裆部遭袭，会本能地向后缩臀，而导致上体前俯。我迅速上体后仰，顺势将右臂向上、向后扬起，屈肘勾搂住对方的后脖颈。然后上体前俯，右臂用力勾紧，令对方的下颌恰好担卡在我的右侧肩头之上，我头部右侧抵紧对方头部左侧，将其整个头颈固定住。

◀ 动作不停，左臂迅速屈肘抬起，用左手向后抠戳对方双眼，可令其彻底屈服。

D 遭遇侧面搂肩骚扰时的摆脱与反击方法

女性对付性骚扰者是维护自身权益和人格尊严的特殊战斗，这不仅需要勇气，而且需要智慧。因此，当性骚扰不幸降临到自己头上的时候，应该从现实情况出发，调动自己的全部智慧，审时度势，判断情况，思索对策，因人、因地、因时地采取不同措施或方法加以恰当处置，战胜色狼，使自己免受伤害。

如果你感觉侧面搂肩的行为超越了可以接受的亲密界线，就要坚决地表明自己的态度，平静、清楚地警告对方，并迅速抽身躲开。

实用范例 1

▲ 骚扰者由我身体左侧靠近，用右手搂住我的右侧肩膀，同时伸出左手欲掐捏我的左侧胸部。

▲ 我迅速抬起左臂，抵挡开对方左手的骚扰。

▲ 紧接着，左臂快速向左下方摆动，以掌刃为力点，袭击对方裆部，令其产生剧痛而被迫俯身。

▲ 继而，左臂再快速屈肘向上扬起，以左手大拇指狠狠戳击对方眼睛。

▲ 动作不停，身体猛然左转，左手顺势伸至对方脑后，牢牢抓住其头发，右手则乘机卡掐住对方咽喉。

▲ 身体左转不停，左手用力向左下方拉扯对方头发，右手配合使劲向前下方推抵，双手协同发力，瞬间可将对方撂倒在地。

▲ 骚扰者倒地后，我可以飞起右脚，狠狠踢击对方头部，予以重创。

实用范例 2

▲ 骚扰者由我身体右侧靠近，用左手搂住我的左侧肩膀，同时伸出右手，准备针对我的胸部进行骚扰。

▲ 在对方右手伸过来的一刹那，我先发制人，猛然抬起左手，以指尖为力点戳击对方双眼。

▲ 在对方仰头躲避的瞬间，我身体重心骤然下沉，俯身将头颈由对方左臂下方撤出，并顺势用左手刁抓住对方左手腕部。

▲ 在头颈顺利解脱之后，身体重心上提，双手抓握住对方左小臂，用力向上托提，将其左臂翻拧至其背后，可以对其肩肘关节形成一定的损伤。

▲ 旋即，可以在用左手牢牢攥紧对方左手腕部的前提下，右手放松对其手臂的控制，挥舞右臂，以右手掌刃为力点自上而下劈砍对方后脖颈或颈侧动脉。

▲ 紧接着，在击打动作结束时，右手顺势抓住对方的头发，左手用力向上提拉对方左臂。

▲ 在双手控制住对方头发和左臂的基础上，配合脚步快速地向右侧移动，可以拖拽其身体随着我一并向右侧倾倒，令其身体重心瞬间颠覆，而被迫扑倒在地。

E 臀部被掐捏时的摆脱与反击方法

很多性骚扰事件是发生在大众聚集的公共场所，比如在商场、车站、地铁里臀部被人掐捏。越是人潮拥挤的地方，越容易遭到侵犯。

当出现这种情况时，首先保持镇静，千万不要退缩或不好意思，应该高声喝阻，引起公众的注意，使侵犯者知难而退。如果对方仍然纠缠不休，你可以运用下面以色列女子防身术为你介绍的方法来摆脱纠缠，果断出手予以反击，用行动来制止色狼的肆意妄为，并给予对方惩戒。

实用范例 1

▲ 骚扰者由我身后突然伸出右手掐摸我的右侧臀部，对我实施性骚扰。

▲ 我身体猛然右转，右臂随身体转动向右后方摆动，以小臂外侧为力点向外挂拨对方右小臂外侧，挡开其“咸猪手”。

▲ 动作不停，身体继续右转，抡起左拳狠狠攻击对方下颌。

▲ 进一步，可以用双手攀搂住对方脖颈，拉近彼此距离后，屈膝抬起左腿，以膝盖为力点冲顶对方裆部。

▲ 对方生殖器遭受攻击后，会因疼痛而俯身低头，我可乘机飞起左脚踢击其面部。

实用范例 2

▲ 在公交车或者地铁上，当骚扰者伸出“咸猪手”骚扰我的臀部时，由于空间狭窄，实施反击动作的幅度会受到一定限制。用肘尖捣击对方胸腹部，不失为一种简单有效的好办法。

▲ 可以借车辆晃动的机会，用肘尖撩挑骚扰者的下颌，令其收敛无耻的行为。

▲ 抬腿后撩踢对方裆部，也是可以一击奏效的招数，切记该出手时就出手。

F 被压倒在地遭遇强奸时的摆脱与反击方法

强奸是典型的暴力犯罪，它不仅是恶性的身体伤害事件，而且可能毁掉女性的一生。

如何从施暴者手下逃脱，取决于你与暴徒的关系及自身性格。你可能毫不犹豫地狠踢陌生人裆部一脚，但对熟悉的人却下不了狠手，你往往幻想用语言来摆脱困境。但记住，面对欲火攻心的色狼，保持冷静，随时使用身体力量进行反抗绝对是必要的。不停地抓挠其脸面、撕咬其耳朵、拽扯其头发，即使未必能阻止对方的行为，至少保证可以在他身上留下痕迹，以便报警时指证他。

实用范例 1

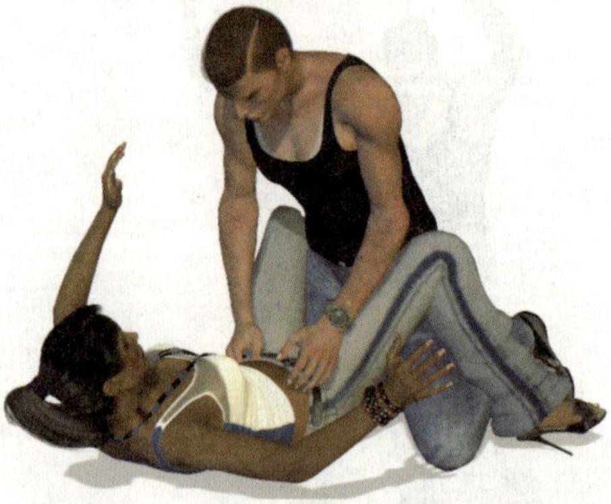

▲ 暴徒将我扑倒在地，迫不及待地撕扯我的腰带，意欲对我施暴。

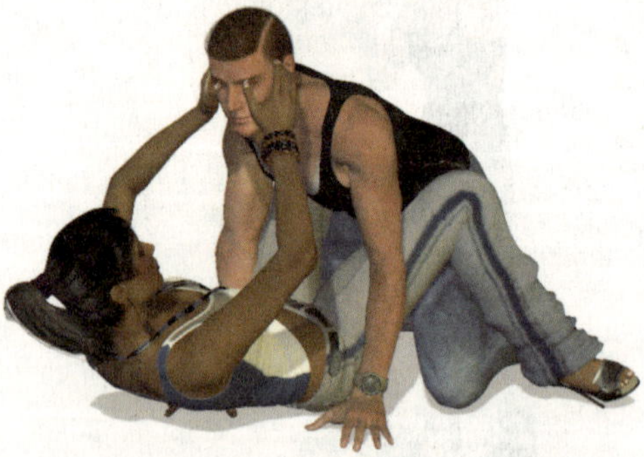

▲ 我突然向前上方伸出双手，用手掌夹持住对方脸颊两侧，同时以双手大拇指用力抠戳其双眼。

▲ 动作不停，身体于地面上向右侧翻转，臀部朝身体左侧转出来，左腿屈膝向上提起，以膝盖和小腿胫骨部位抵顶住对方腹部，迫使其无法再次向前俯身。

▲ 旋即，右腿屈膝回收，右脚抬起并蹬踏住对方左侧腰髋位置，然后用力向前挺膝蹬踹，从而使自己的身体于地面向后滑动，左腿随之屈膝回收。

◀ 与对方拉开一定距离后，我上体后仰，腰髋尽量向上提起，左腿猛然伸展挺膝，用左脚狠狠蹬踹对方头部。

▲ 继而，右腿屈膝，右脚落地，腰腹收紧，身体重心向上提起，上体前探略左转，以左手手掌扶撑地面，左腿向左后方摆动，以左脚和左腿膝盖接触地面，右脚蹬踏地面，身体呈单腿跪地的姿态。

▲ 双脚蹬地，即可站起身来。起身后，可以再度飞起右脚踢击对方下颌。

实用范例 2

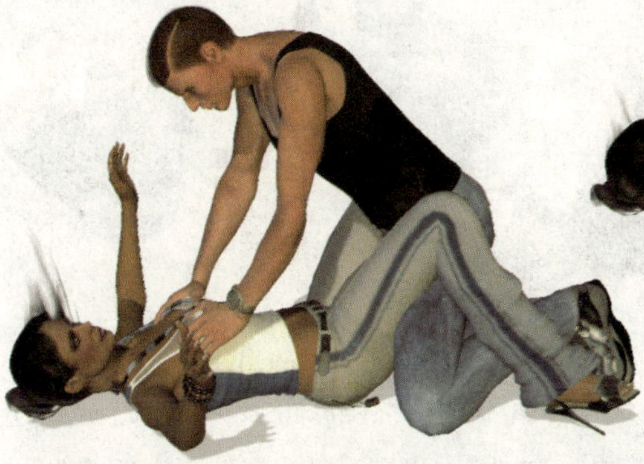

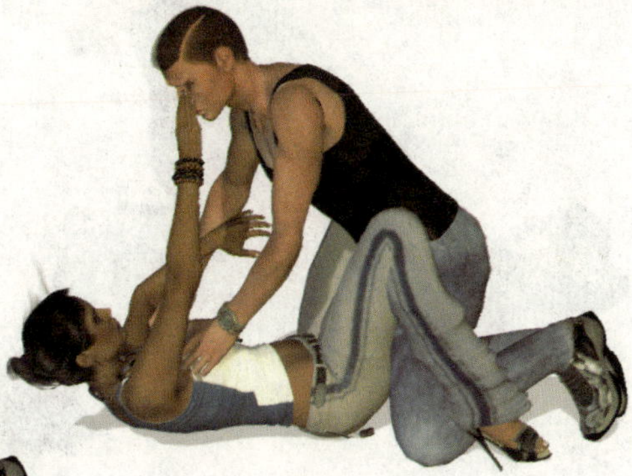

▲ 暴徒扑跪于我双腿之间，双手扑抓我的胸部，欲行不轨。我迅速用右手指戳其眼睛，予以迎面突袭，令其被迫向后仰身躲避。

▲ 紧接着，在对方未及做出进一步反应的瞬间，我迅速收腹、提髋、抬臀，屈膝向身体上方抬起双脚，以双脚脚底朝向对方面部。

▲ 动作不停，双腿骤然挺膝蹬出，狠狠蹬击对方面门或者下颌，瞬间出击，可令其仰面向后跌坐，至此，局面于我由被动顷刻间转化为主动。

▲ 继而，右腿屈膝，右脚落地，腰腹收紧，身体重心向上提起，上体前探略左转，以左手手掌扶撑地面，左腿向左后方摆动，以左脚和左腿膝盖接触地面，右脚蹬踏地面，身体呈单腿跪地的姿态。之后可以快速起身逃跑。

第5章

徒手防御各种暴力攻击

A 针对扇巴掌的防御与反击方法

扇巴掌，俗称打耳光，就是用张开的手掌打击目标。

不论是从正面还是背后，使用张开的手掌以掌心为力点击打对手的耳朵，都可以对其造成不同程度的伤害。以耳朵为攻击目标的袭击，可以造成耳膜破裂，严重者甚至可以导致脑震荡。

男人用手掌反复抽扇女性的脸颊，不仅会给女性带来肉体上的伤害，从某种角度上来说，还会给女性造成很大的心理震慑，使其感到恐惧和屈辱，在淫威下，丧失反抗信心。

实用范例 1

▲ 双方发生正面冲突，对方突然抡起右手抽扇我的左侧脸颊。我左脚迅速向前上步，右脚向后蹬地，推动身体重心向前过渡，同时抬起左臂，以尺骨为力点向左上方磕挡格架对方右小臂内侧，以化解其攻势。

▲ 此时，对方右手进攻失败，可能会继续使用左手攻击我的右脸，我可再抬起右臂向右上方抵挡其左臂。

▲ 旋即，在成功防御了对方的两次巴掌攻击后，双臂顺势向前伸展，双手伸至对方脑后，迅速攀揽住其后脖颈。

▲ 继而，双臂屈肘、内扣，用力回收，牢牢地夹锁住对方的脖颈，将其头颈拉至我的胸前，迫使其俯身低头。然后抬起右腿，屈膝，以膝盖为力点朝前上方狠狠顶撞其裆腹部。

实用范例 2

▲ 双方发生争执时，对方突然抡起右手，以掌背为力点抽扇我的右侧脸颊。我迅速伸出双手向外推挡对方右小臂外侧。

▲ 双手接触对方手臂的瞬间，迅速向下压制，化解其攻势。

▲ 旋即，在左手向外侧拨开对方攻击手臂的瞬间，身体骤然左转，以右手直拳狠狠地击打对方面门。进一步，可以飞起右脚连续踢击其裆部。

B 针对拳头攻击的防御与反击方法

对女人抡大拳头虽然是被人们蔑视和唾弃的行为，然而现实生活中，恼羞成怒的男人们有时并不会顾忌别人的看法，将拳头打在女人面部，往往能让他感到自身的强大，并获得无法形容的快感。

面对暴徒咄咄逼人的拳击，女性可以直接向后撤步闪避，或者在格挡的同时后退，还可以快速侧闪，让开对方拳峰，并进入到他攻击手臂的外侧位置，然后再进行有效的反击。

下面几个范例告诉你，面对大拳头，是可以从容化解危机的。

实用范例 1

▲ 发生正面冲突时，对方右脚上步，以右手直拳攻击我的头部。我左脚迅速向左前方上步，闪身躲避对方右拳的同时，用左手手掌自左向右推挡其右臂外侧，迫使其进攻路线走偏。同时右臂顺势向前上方伸展，以右手掌根为力点猛推对方下颌。

▲ 继而，双臂屈肘，双手自上而下扣按住对方右侧肩臂，将其右臂控制在我的右侧肩头之上。

▲ 旋即，在用右手臂牢牢地控制住对方右臂的前提下，左臂向前伸展，以左手掌刃为力点沿水平面向前平砍对方鼻子根部，再次予以攻击。

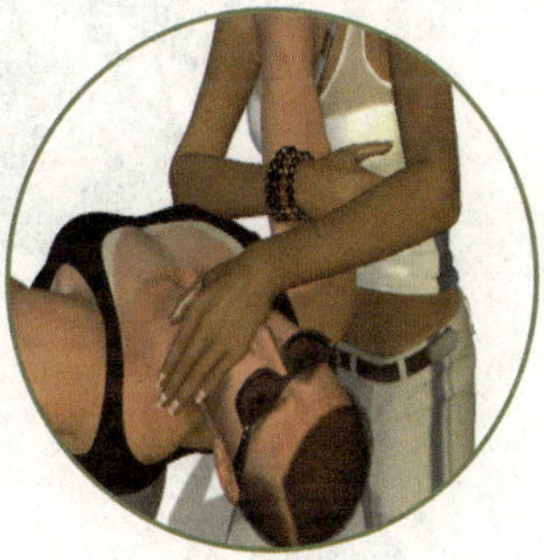

▲ 动作不停，在左手卡住对方鼻根部位的基础上，左脚迅速向身体左后方撤步，身体骤然左转，以左手掌刃为力点向左下方扳压对方头部。

◀ 我身体转动不停，在左手针对对方鼻子施加压力的作用下，可以瞬间令其因身体重心失衡而被迫向后摔倒。

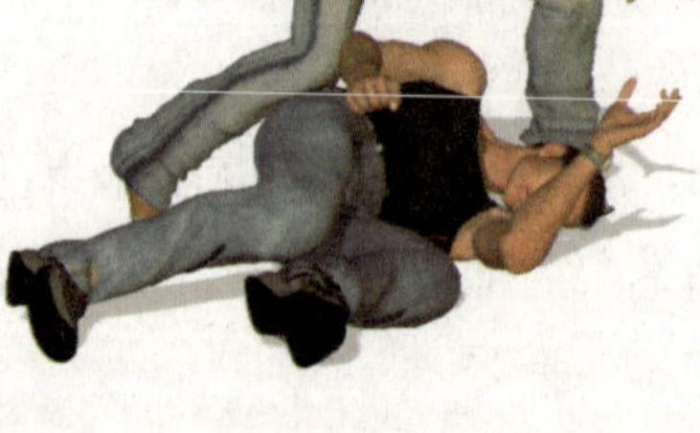

◀ 对方倒地后，我可以迅速俯身，挥舞拳头强力击打其头部。

实用范例 2

▲ 发生正面冲突时，对方右脚上步，以右手直拳攻击我的头部。我左脚迅速向左前方上步，落脚于对方右脚后方，及时躲避其右拳的同时，左手用力拍打其后腰部位，右臂顺势向前上方冲击，以右手掌根为力点猛推对方鼻子根部。

▲ 左右手交错发力，可以有效地破坏对方的身体重心平衡，瞬间将其击倒在地。

▶ 对方被击倒后，我可以抬起左脚狠狠地踩踏其头部，进一步予以重创。

C 针对腿脚踢击的防御与反击方法

针对上肢的攻击我们基本上是用上肢来进行防御的，无外乎拨、挡、搪、架、格之类，手段实际上很有限。其实，针对腿脚踢击的防御手段要远远比前者丰富得多。我们不仅可以用手臂来进行防御，而且还可以用腿脚来进行阻挡和截击。由此可见，防御下肢攻击要比防御上肢攻击轻松许多。

同时，腿脚展开的攻击，一般动作幅度都偏大，在速度上也要比上肢展开的攻击速度稍慢一些，留给我们的反应时间也相对充裕一些。就女子防身技术而言，防御踢击往往更容易一些。

实用范例 1

▲ 双方发生冲突时，对方突然抬起右腿，意欲对我发动踢击。我可以屈膝提起左腿，以膝盖为力点磕抵对方右腿膝关节下方。

▲ 或者用左脚铲截对方右脚脚踝位置，同样可以达到化解危机的目的。

▲ 随即，可以左脚向前落步，逼近对方，同时以右手直拳袭击其面部。

▲ 进一步，可以用双手攀揽住对方的脖颈，然后屈膝抬起右腿，以膝盖为力点狠狠地冲顶对方裆部。

实用范例 2

▲ 双方发生正面冲突时，对方突然抬起右脚踢击我的腹部。

▲ 我可以迅速屈膝提起右腿，以小腿外侧挂挡对方右腿脚踝外侧，迫使其进攻路线发生偏转。

▲ 由于我右腿的阻截，对方进攻落空，其右脚落步时身体会自然地向左侧拧转。

▲ 在对方背向我的一刹那，我迅速用双手自后向前扳抓住对方的下颌，并用力向后拉扯，破坏对方身体重心平衡，令其重重地向后仰摔倒地。

▲ 对方摔倒后，我可以抬起左脚狠狠地踩踏其头颈部。

D 针对钝器袭击的防御与反击方法

钝器指的是棍棒一类的东西，比如棒球棒、酒瓶子、砖头之类的。这类东西抡动起来，由于惯性和离心力的作用，其前端瞬间会产生巨大的破坏力，其杀伤力更是令人汗颜。对于柔弱的女子来说，无论身体哪个部位遭到击打，后果都是不言而喻的。

在防御钝器攻击时，明智之举不是退缩，而是迎难而上，尽量快速地逼近对方。通过肢体的接触防御化解危机后，尽快将战斗拉入到近身缠斗阶段，让暴徒手中的武器无法再度抡起来，令其无用武之地，反倒成了制约其行动的负担。

实用范例 1

▲ 街头遭遇暴徒持械攻击，对方突然进身，右手抡动棍棒自上而下朝我的头部劈击过来。

▲ 在对方短棍抡扫而来的一刹那，我左脚迅速向前上步，使自己尽量靠近对方。同时向左侧伸展左臂，以左大臂外侧为力点扛挡对方右小臂内侧。扛挡瞬间左侧肩头向上耸起，右手配合向左外侧推挡其右侧肩头位置，以化解其攻势。

◀ 旋即，左臂向前上方撩推，然后屈肘圈揽对方右臂，左手扣腕，牢牢地控制住对方右肘关节外侧，令其右臂紧紧地贴靠于我的胸前，同时身体左转，右臂屈肘，以肘尖为力点横扫对方头部。

◀ 继而，我右手抓扯住对方右侧肩头，左臂控制住对方右臂，并用力向怀中拉扯，迫使其尽量靠近自己，同时右腿迅速屈膝提起，以膝盖为力点向前猛撞对方裆部。

▲ 紧接着，右膝攻击动作结束后，右脚落地站稳，身体左转。同时，右臂向左上方伸展，右手及时抓握住对方短棍的上端。

▲ 动作不停，右手攥紧短棍一端，然后突然向右下方掰撅，将其由暴徒手中夺下。

▲ 进一步，可以向右转身，挥舞抢夺下来的短棍扫击对方头部，予以反击。

实用范例 2

▲ 路遇醉鬼，对方突然右手挥舞酒瓶自上而下朝我的头部劈击过来，我迅速向左侧闪身，左脚上步，同时抬起右臂，朝右上方直臂伸展，以右大臂外侧为力点向右外侧搪挡对方右臂外侧，及时躲避的同时，化解其攻势，令其劈砸落空。

▲ 旋即，在对方右臂下落的一刹那，我身体骤然右转，右手顺势向下捋抓对方的右臂，迫使其无法再度挥动凶器。

▲ 动作不停，在右手牢牢地控制住对方右臂的前提下，立即以左拳连续狠狠地攻击其头部。

▲ 进一步，可以用左手抓按住对方右侧肩头，与右手一并用力向怀中拉扯，并抬起右腿连续踢击对方的腹股沟。

▲ 继而，左手向下滑动，捋抓住对方右手腕部，并向上提起。右手顺势抓握住对方的酒瓶，用力向下掰撅。

▲ 左右手交错发力，瞬间将其酒瓶抢夺下来，然后反手抡动酒瓶，针对对方头部实施反击。

第6章

利用随身物品作武器防身自卫

A 利用手机防身自卫

现代社会，几乎人人拥有手机，女孩子更是“机不离手”。在危急时刻，手机作为通信工具，不仅可以随时拨打报警电话，而且也可以用于防身自卫。因为现代手机多数是金属外壳，质地比较坚硬，用来敲打袭击者的要害部位，其威力不亚于一把铁榔头。

用手机进行防身格斗，多是在单手握持状态下，以手机一端为力点进行敲砸。在肢体被对方拉扯纠缠时，也可以借助手中的手机，利用杠杆原理来撬别或挤压对方手臂的肘关节、腕关节等部位，令其产生疼痛而放弃对我的控制。

实用范例 1

▲ 对方用右手抓握住我的右手腕部，我迅速右臂屈肘抬起，右手向外翻腕，用手中握持的手机别压对方右手腕部。

▲ 几乎同时，身体右转，飞起左脚连续踢击对方裆部。

▲ 对方因疼痛而放松对我的纠缠，双手护裆，我可乘机抡动右臂，以手中的手机击打对方的下颌。

实用范例 2

▲ 对方用右手卡掐我脖颈的同时，挥舞左拳对我发动袭击。我迅速抬起左臂，屈肘自上而下挥摆，以左手握持的手机扣压对方右臂肘关节内侧。

▲ 左手持手机用力向下压制对方右臂肘窝位置，可以缓解其右手卡掐的力度。在此基础上，可抬起右臂抵挡对方左手的攻击。

▲ 在有效防御并化解掉对方的攻击后，再用右掌掌根猛推对方的左侧软肋。

▲ 继而，飞起右脚，连续踢击对方裆部，令其猝不及防，被迫俯身护裆。

▲ 对方俯身瞬间，我可抡动手机劈砸对方的后脑，令其跌跪于地。

▲ 对方向前跌跪时，我可抬起右腿，屈膝，以膝盖冲撞其头面部。

▲ 进一步，可用右手抓住对方头发，用力向右侧拖拽，令其彻底摔倒在地。

B 利用书刊、报纸防身自卫

如果你是一名文艺女青年的话，你在许多环境下，都会抱着一本书，或是一本杂志。这本代表文明和智慧的读物，在身体遭受侵害或骚扰时，可以瞬间化身为一件武器。你可以将报纸、杂志卷成一条短棒，用力抡劈挑衅者的头部或脸颊，或者像握刀那样戳刺对方的咽喉、眼睛，它会令你如虎添翼，信心倍增。

在必要的时候，你还可以将手中的书本、杂志朝攻击者脸上砸去，突如其来的“炮弹”，会令其措手不及，你可以乘机转身逃脱。

实用范例 1

▲ 迎面遭遇醉鬼，对方右手抡动酒瓶，对我发动袭击。

▲ 我迅即向左转身，挥动右手握持的杂志，扫袭对方右手腕部。

▲ 化解对方的攻势后，左手推挡对方右手，同时右手握持杂志摆动至左侧腋下。

▲ 动作不停，身体重心前移，右手握持杂志随之向右上方攻出，以杂志一端为力点挑袭对方下颌。

▲ 挑击动作结束瞬间，右手腕快速外翻，再以杂志另一端为力点劈砸对方面部。

▲ 连续的攻击会令对方措手不及，我左臂顺势由对方右手腕上方向前伸展。

▲ 旋即，左臂屈肘向上抬起，以肘窝勾锁住对方右手腕部，对其腕关节形成压力。

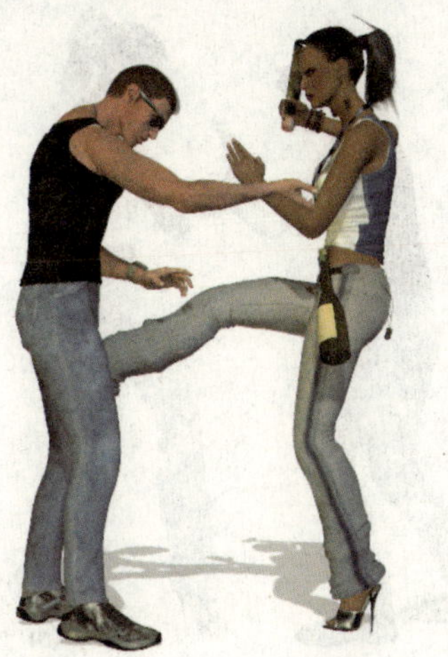

▲ 上体骤然后仰，左臂屈肘夹紧，可令对方手中的酒瓶脱落。同时飞起右脚猛踢对方裆部。

实用范例 2

▲ 正面发生冲突时，对方用右手抓握住我的右手腕部，用力拉扯。

▲ 我迅速用左手扣按住对方右手手背，同时抬起右脚，踢击对方右腿胫骨部位。

▲ 在左手扣压住对方右手的基础上，右臂屈肘向右外侧摆动，以右手握持杂志的下端，勾扣住对方右小臂内侧。

▲ 用杂志的一端勾住对方右小臂后，立即用左手抓握住杂志的另一端。

▲ 在双手牢牢地抓握住杂志的前提下，身体骤然左转，右臂用力向上抬起，左手向下发力，周身协调动作，瞬间摆脱对方的控制，同时以杂志的一端扫袭对方下颌。

C 利用圆珠笔防身自卫

圆珠笔、钢笔这类书写工具，几乎每一位职业女性都会随身携带，且携带方便、合法，可以顺利地通过各种安检。

圆珠笔看上去再普通不过，没有任何威胁性。其实，如果使用得当，将它当作武器，可以使你在很多危险情况下脱身。尽管它尺寸很小，但是使用正确的话，它可以造成刺痛和压迫感。

圆珠笔最有效的用途就是用来戳刺身体的要害和相对薄弱的部位，比如眼睛、咽喉、太阳穴、肘窝、腋窝等，攻击效果立竿见影。

实用范例 1

▲ 双方发生冲突，对方用双手卡掐我的脖颈，我迅速将右臂向上抬起，挥舞右手握持的圆珠笔展开反击。

▲ 可以用笔尖戳刺对方眼睛，或者猛戳其手臂，迫使其放松对我的控制。

▲ 当对方双手离开我的脖颈后，可以继续挥摆手中的笔，攻击其咽喉。

▲ 进一步，可以起腿攻击其裆部。

实用范例 2

▲ 暴徒由背后拦腰将我抱住，我迅速挥舞右手握持的圆珠笔猛戳对方右手，令其放松对我的控制。

▲ 旋即，猛然转动身躯，以左右肘向后扫袭对方头部，以达到彻底摆脱纠缠的目的。

▲ 在对方畏缩后退之际，我再度挥舞手中的圆珠笔向后挑刺对方裆部。

▲ 进一步，可以抬起右脚猛踹对方腰胯部位，令其向后跌倒。

第7章

几种特殊情境下的防身技术应用

A 遭遇恶意尾随时的防御与反击方法

近年来，恶意尾随事件呈上升趋势。所谓“恶意尾随”是指尾随者出于恶意一直跟随受害者。尾随者经常会在自认为时机和场合恰当的时候，逼近你进行口头侮辱、骚扰，甚至暴力伤害。

在自己不熟悉的环境里，感觉到被尾随了，首先要尽可能地寻找“安全避难所”，如警局、医院、银行、酒店等配备安保措施的场所。总之是尽量朝人流多、灯光明亮的地方去，同时及时拨打报警电话，寻求帮助。一旦发觉对方有恶意举动，要立即展开反击，而且出手必须果断，毫不留情。

实用范例 1

▲ 暴徒由我背后尾随，突然用左手抓扯我的左臂，并挥舞右拳，准备对我发动袭击。

▲ 我迅速向左转身，抬起左臂格挡开对方右臂，同时抡动右臂，以右掌抽扇对方左侧脸颊、耳朵。

▲ 继而，再飞起右脚连续踢击对方裆部，予以重创。

▲ 趁对方双手护裆、疲于招架之际，我快速前冲，用双手猛推对方上体，将其猝然推倒在地。

实用范例 2

▲ 暴徒于我背后尾随，欲对我实施抢劫。在对方跟近过来，伸出双手扑抓我的一刹那，我迅速向右转身，抬起右腿。

▲ 右腿向身体右后方伸展，用右脚狠狠地蹬踹对方腹部，可令其仰面摔倒。

▲ 对方倒地后，我快速逼近，再用左脚狠狠地踢击其裆部。

B 遭遇抢劫财物时的防御与反击方法

现代社会中，女性除了遭受性骚扰和性侵害之外，遭遇抢劫财物的案例，也一直居高不下。单从体质和体力的角度来说，女性是天生的弱者，因而也成为抢劫犯罪者的首选目标。

面对抢劫，我们首先要记住这样一个原则，“生命第一，财产第二”。在没有反抗机会的情况下，破财免灾，绝对是明智之举。为了生命，屈服与顺从并不丢人。

如果你接受过一定程度的格斗训练，决定使用武力来维护自己的尊严和财产，那务必要克服恐惧、出手果断、速战速决，全力以赴地展开格斗，并要善于利用随身物品，冷静应对。

实用范例 1

▲ 暴徒突然出现在我身后，双手抓扯住我左手的拎包，欲对我实施抢劫。

▲ 在对方用力撕扯的时候，我迅速向左转身，用左脚猛踹对方右腿膝盖节外侧，破坏其身体平衡，令其放开我的拎包。

▲ 旋即，双手抡动拎包，自右向左扫袭对方头部。

▲ 趁对方仰面躲避之际，立即飞起右脚连续狠踢对方裆部。

▲ 攻击动作结束后，迅速转身逃跑。

实用范例 2

▲ 路遇劫匪，对方穷凶极恶，持刀威逼，欲强抢我的财物。

▲ 我假意逢迎，将手中拎包递给劫匪。在对方伸手接包的一刹那，我脱手将拎包丢在地上，引诱对方俯身捡拾。

▲ 在对方下意识俯身捡包时，我可以顺势飞起右脚，仰面踢击对方面门。

▲ 进一步，可以挥舞右掌，自上而下，以掌刃为力点劈砍对方后脖颈，瞬间可将其击倒在地。

C 办公桌前遭遇袭击与骚扰时的防御与反击方法

对于职业女性而言，坐在办公桌后面接待客户，是再平常不过的事情。与陌生人产生矛盾，引起语言甚至肢体冲突也是屡见不鲜的。近年来，媒体报道的殴打秘书、医生、护士的事件层出不穷。

坐在办公桌后面，防御来自桌前的攻击，你的反抗动作会受到空间的限制，而且想逃跑往往很困难。但是，你可以充分利用办公桌来配合防御动作，躲避对方的攻击，化解危机。同时，还可以随手抄起桌子上的办公物品进行反击。桌面上的笔、尺、裁纸刀、水杯，都能够瞬间转化为武器，甚至可以抱起电脑显示器砸向对方。

实用范例 1

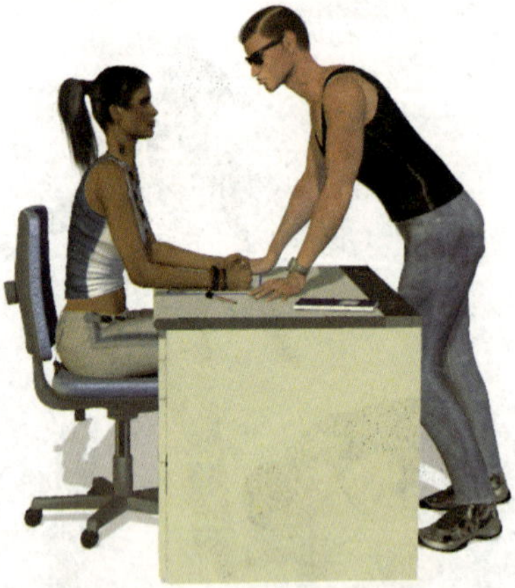

▲ 接待客户时，对方站在桌前，双手扶桌，突然俯身前探，欲行不轨。

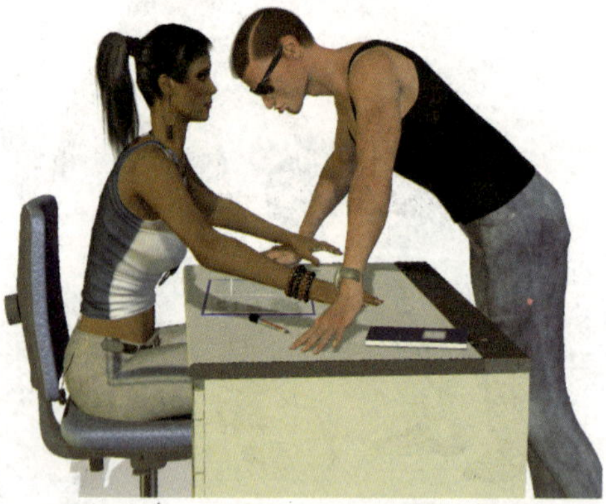

▲ 我双手迅速由对方双臂内侧向外摆扫，迫使其双手向两侧滑动。

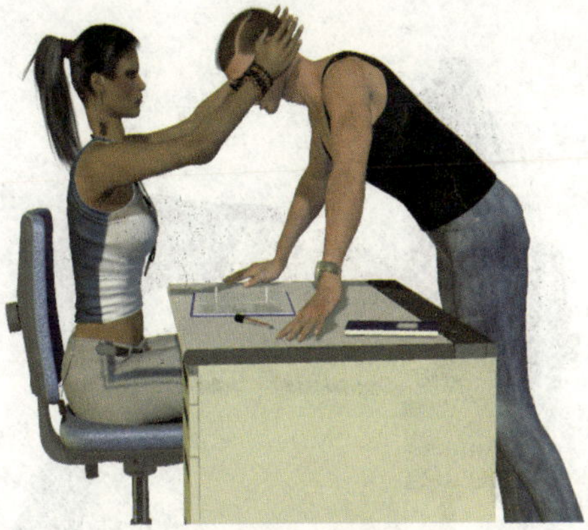

▲ 在对方身体失衡前扑的瞬间，我迅速挥动双臂，以双手掌心为力点掼击对方双耳。

▲ 继而，双手顺势攀揽住对方的后脖颈。

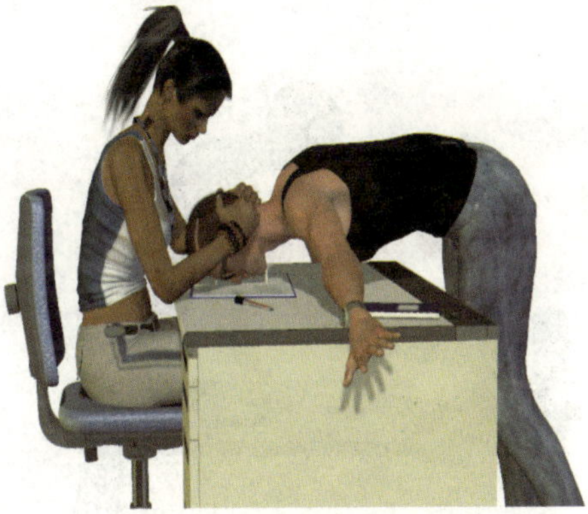

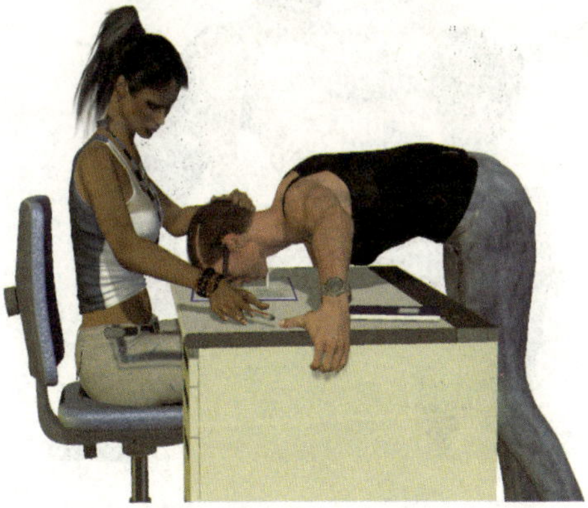

▲ 然后，双手用力向下按压对方后脖颈，令其面颊猝然撞击在桌面上。

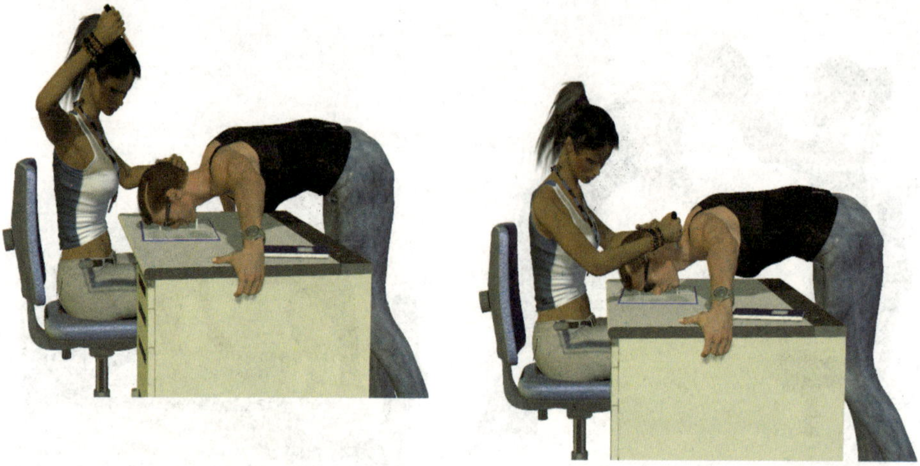

▲ 进一步，可以随手抓起桌上的钢笔或圆珠笔，自上而下连续猛戳对方颈部。

实用范例 2

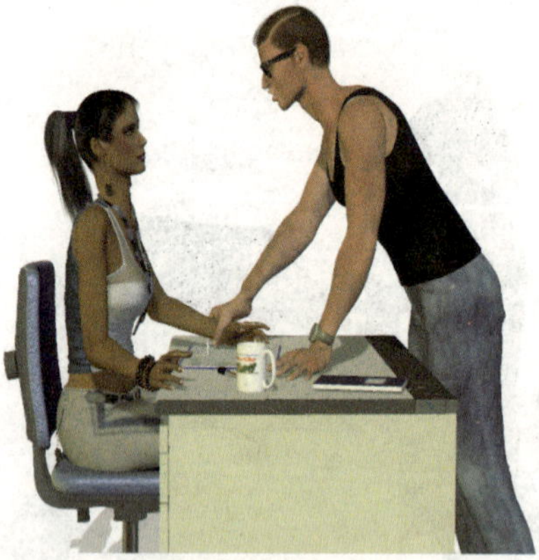

▲ 我在桌后办公，接待客户，对方一言不合，即用右手抓扯我的左手腕。

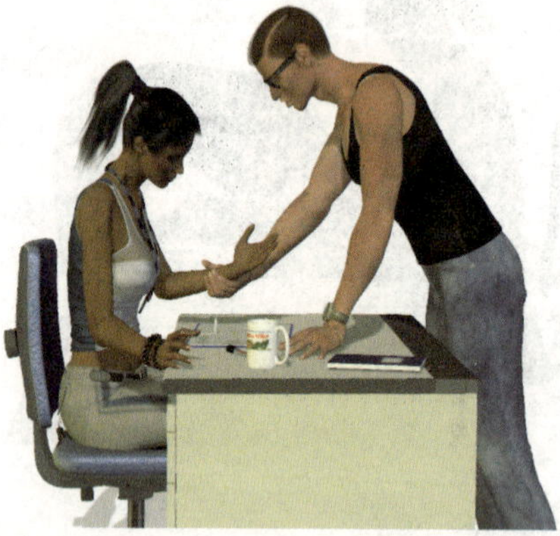

▲ 我迅速抬起左臂，左手外翻，挣脱纠缠。

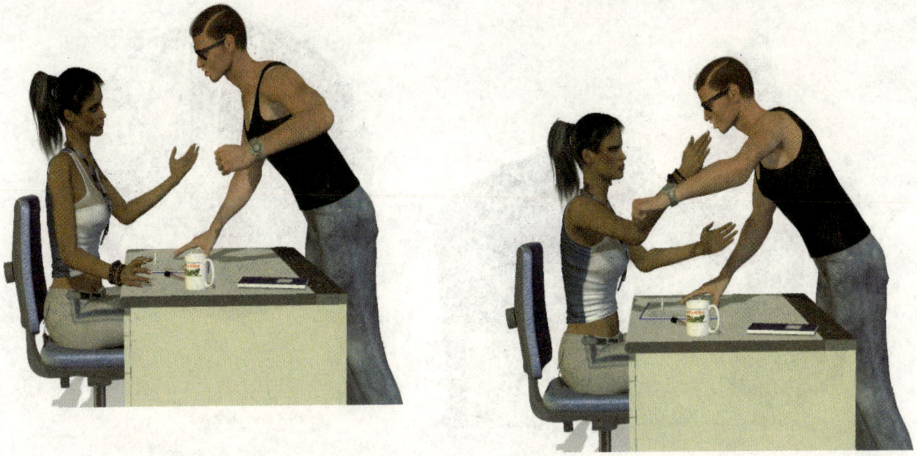

▲ 对方恼羞成怒，挥舞左拳针对我的头部发动袭击，我可抬起右臂，格挡化解。

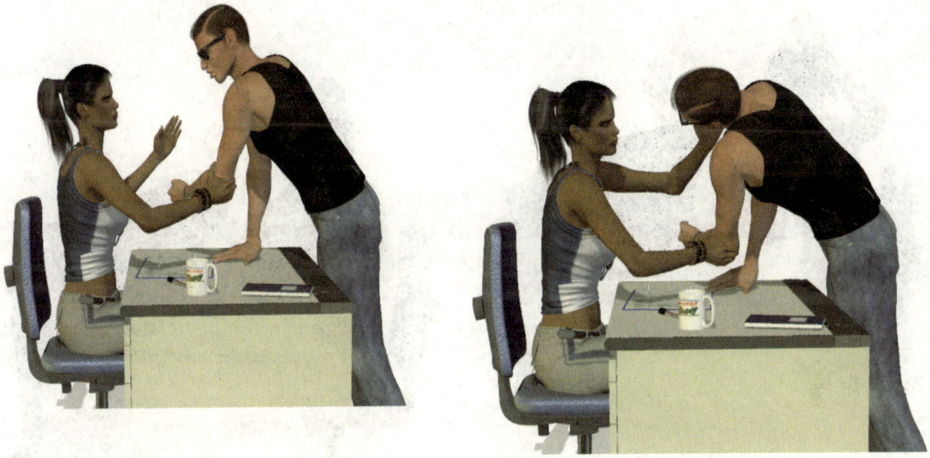

▲ 右臂阻截成功后，右手顺势抓掐住对方左臂肘关节外侧，用力向左侧推送，同时伸出左手，以虎口位置抵卡住对方鼻子根部，双手同时发力，令其身体被迫向右拧转。

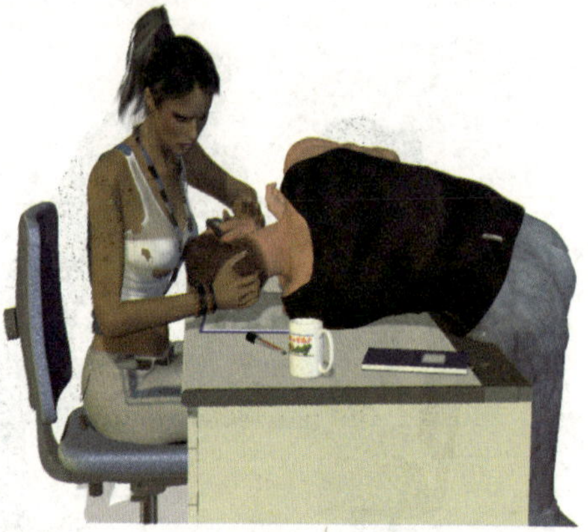

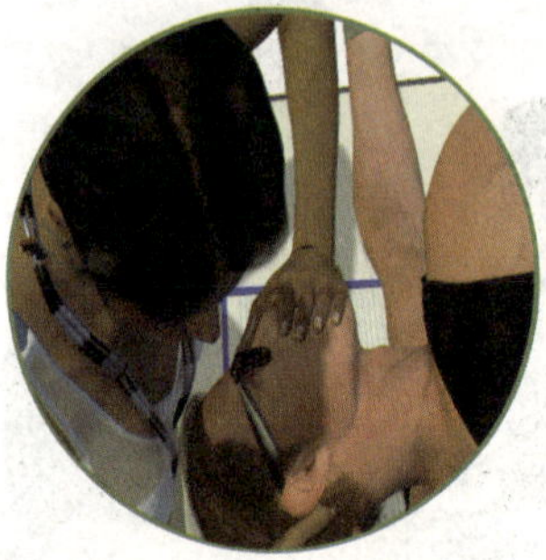

▲ 动作不停，右手快速抓扯住对方头发，使劲向下拉扯，配合左手卡鼻动作，可迫使对方上体倾斜仰躺于桌面之上。

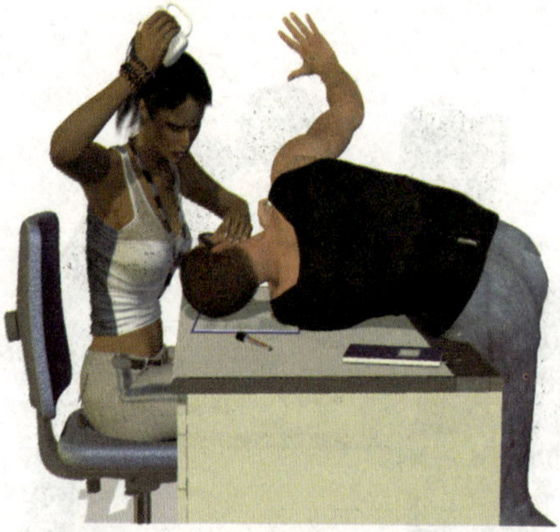

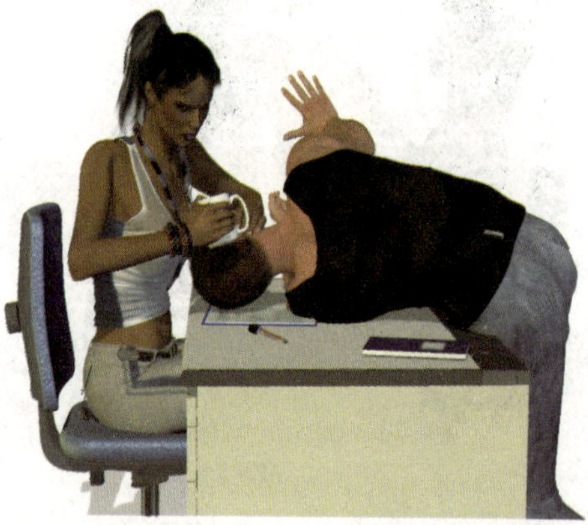

▲ 随即，右手抄起桌上的水杯，自上而下狠狠地砸击对方的头部和面颊。